4차 산업혁명은 어떤 인재를 원하는가?

세계 최고 10대 **이공계** 대학 탐사 프로젝트

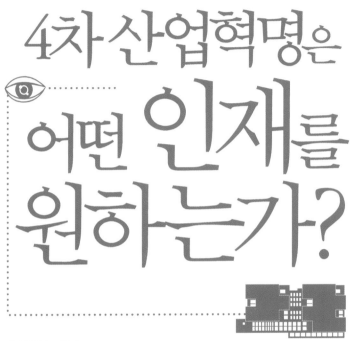

4차 산업혁명은
어떤 인재를
원하는가?

| **설성인** 지음 |

다산 4.0

추.천.사

세상에는 자원이 풍부한 나라와 그렇지 못한 나라가 있다. 그 중, 자원이 풍부하지만 잘 사는 나라가 있고 그렇지 못한 나라가 있다. 또한 자원은 없지만 잘 사는 나라가 있고 그렇지 못한 나라가 있다. 이 책은 자원이 없다 하더라도 세상을 리드하는 힘의 원천이 풍부한 상상력임을 일깨워 준다.

원료를 투입하여 제품을 만드는 것이 1·2·3차 산업혁명이었다면 4차 산업혁명은 상상력을 투입하여 거대한 혁신을 만드는 '소프트파워'라는 보이지 않는 힘에 의해 작동된다. 저자가 이 책에서 소개하는 세상을 리드하는 대학들은 상상력을 원료로 삼아 거대한 혁신을 추구한다는 공통점이 있다.

기억의 반대는 망각이 아니라 상상이다. 기억은 우리가 이미 지나온 길을 되돌아가는 것이요, 상상은 아직 우리가 가 보지 않은 미래의 길을 미리 가 보는 것이기 때문이다. 타임머신이 아니더라도 탁월한 상상의 힘을 통해 미래에 미리 가 볼 수 있는 기회를 이 책을 통해서 얻을 수 있다.

아무리 좋은 총알도 폭발하지 못하면 100그램짜리 쇳덩어리로 녹슬어 갈 뿐이다. 비록 명중하지 못할지라도 발사되는 것은 주머니 속에서 녹슬어 가는 것보다 낫다. 세상에서 가장 좋은 두뇌를 가진 우리나라의 젊은이들이 이 책에 소개된 세상을 움직이는 대학의 사례를 통해 겁 없이 방아쇠를 당기는 힘을 얻을 수 있을 것이다.

아프다고 누워 있는 젊은이들이여, 세계를 움직이는 대학의 모습을 통해 벌떡 일어날 수 있기 바란다.

• 윤종록 정보통신산업진흥원장

'대학은 우리 사회에서 어떤 역할을 수행해야 하는가?' 대학 총장으로서 늘 마음에 담아 두는 고민거리였다. 그런 의미에서 이 책은 세계 유명 연구 중심 대학의 사례를 일목요연하게 들여다볼 수 있는 계기가 되어 준다.

이 책은 우선, 각 대학의 거시적인 방향성을 가늠케 한다. MIT가 현대인의 삶을 바꾼 획기적인 발명품을 무수히 탄생시킨 배경에는 '인류를 위해 공헌하라'는 철학이 존재했고, 교토대가 '자유의 학풍自由の學風'이란 신조 아래 아시아 노벨상의 산실이 되었다는 점들을 눈여겨 볼 필요가 있다. 대학들이 지키려고 하는 정체성은 그 대학의 미래와도 맞닿아 있다. 유수 대학들의 사례를 통해

우리가 확립한 정체성과 지향하는 미래상을 점검해 볼 수 있다.

또한, 각 대학이 가진 소소한 이야기거리를 발견하는 재미도 크다. 엉뚱하면서도 유쾌하고 때로는 저래도 되나 싶을 정도로 큰 일을 벌이는 MIT와 칼텍의 자존심 싸움에 관한 일화, 1996년 애틀랜타 올림픽의 선수촌을 재활용한 조지아공대의 기숙사, 매년 핼러윈마다 과학의 원리로 '빛나는 호박'을 만들어 내는 칼텍의 전통적인 이벤트, 전공과 소속 별로 한 달 내내 졸업식을 치르는 싱가포르국립대의 독특한 풍경 등 흥미롭게 읽을 수 있는 내용이 알차게 수록됐다.

21세기 국가의 경쟁력은 지식의 발전이 좌우하며 그 중심에서 조타수 역할을 하는 것이 바로 대학이다. 이 책이 분석하여 제시한 세계 각 대학의 포지셔닝이 KAIST를 위시한 국내 많은 대학과 일반 독자들에게도 요긴한 정보로 활용될 수 있길 바란다.

• 강성모 전 KAIST 총장

교육 제도는 한 국가에 있어 현재는 물론 미래의 위상과 경쟁력을 결정짓는 가장 중요한 요소다. 노벨상 수상자를 배출하는 대학은 어떤 곳이며, 어떤 교육 환경을 갖추고 있고, 왜 계속 우수한 인재를 배출하고 성장하는지 헤아려 보는 것은 의미가 있다. 이러한 관점에서 이 책은 대한민국의 교육시스템·환경은 '왜 아직도 다른 국가의 대학처럼 이공계 연구 분야에서 단 한 명의 노벨상 수상자도 배출하지 못했는가'라는 깊은 통찰과 고민을 담았다.

본 저서는 세계 일류 이공계 대학에 대한 역사와 위대함을 표현하기보다는 대학이 새로운 기술을 제시해 국가에 공헌한 가치를 조명했다. 또 각 대학이 안고 있는 어두운 이면도 솔직하고 과감하게 표현했다. 특히 저자가 직접 대학을 방문하여 교수나 학생을 인터뷰하고 부족한 내용은 국제전화, 이메일 등으로 자료를 수집한 흔적이 역력히 스며들어 있다. 대학교수, 교육 관련 공직자, 국가 정책 수립자, 대학생과 대학교육 제도에 관심이 있는 사람이 정독하길 강력히 추천하는 이유다.

대한민국 이공계 발전에 조금이나마 보탬이 되고자 노력한 저자의 수고에 깊은 찬사를 보낸다.

• **박종우** 삼성SDI 상담역 사장

인공지능 바둑 프로그램 알파고가 우리에게 준 충격은 대단했다. 그런데 이런 잔물결 뒤로 4차 산업혁명이라는 쓰나미가 몰려온다고 야단이다. 1·2차 산업혁명에 전혀 대처하지 못하고 쓰라린 역사를 경험한 우리나라는 그나마 3차 산업혁명의 물결에 잘 올라타 현재 '정보통신 강국'으로 인정받고 있다.

그러나 4차 산업혁명 앞에서 현실은 불안하고 국가 경쟁력은 떨어지고 있으며 사방에서 준비가 필요하다는 경보가 울리고 있다. 이러한 시점에 저자가 지금 우리나라 대학에 묻고 있다. 그동안 우리는 어떻게 준비해 왔고 또 얼마나 준비하고 있느냐고?

저자는 과학 및 기술 발전의 원동력으로 인재를 양성하고 핵심 기술과 서비스를 개발하는 주체인 대학을 주목했다. 세계 유수 대학의 사례는 우리나라 대학의 현실을 파악하고, 변화와 혁신의 방향을 잡는 데 중요한 지침이 될 것이다. 본 서가 4차 산업혁명 시대에 국가가 발전해 나가는 데 도움이 되리라 확신하며 학계, 산업계, 연구계 및 정책 담당자에게 필독을 권한다.

• 홍대형 서강대 공학부 학장, 전 한국통신학회장

진화하는 세계 최고의 명문,
인류의 미래가 우리 손에
매사추세츠공대 MIT
··· **19**

소수정예 이공계 엘리트
양성 사관학교
캘리포니아공대 Caltech
··· **49**

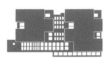

프.롤.로.그

　우리는 지금 4차 산업혁명의 문턱에 서 있다. 오늘날 컴퓨터는 지능을 가지고 있으며, 매우 빠른 속도로 학습한다. 사람의 두뇌를 위협하는 인공지능 '알파고'의 등장은 인류에게 다가올 엄청난 변화를 예고했다. 빅데이터, 클라우드 컴퓨팅, 사물인터넷 등이 어우러져 과거에는 상상할 수 없었던 산업 빅뱅이 현실화되고 있다.

　4차 산업혁명은 소프트파워를 통한 공장과 제품의 지능화를 의미한다. 1차 산업혁명이 증기기관을 통한 기계적 혁명, 2차 산업혁명이 전기의 힘을 이용한 대량 생산의 시작을 알렸다면, 3차 산업혁명에서는 컴퓨터를 통한 자동화라는 개념이 등장했다. 지금까지 컴퓨터의 역할은 생산, 소비, 유통 등의 시스템을 자동화하는 도구에 불과했다. 하지만 인공지능으로 대표되는 4차 산업혁명 시대에는 컴퓨터가 과거와 현재를 분석하는 것은 물론 미래까지 예측할 수 있다. 4차 산업혁명 시대에는 지금까지 우리가 상상했던 것을 넘어 엄청난 일들이 일어날 것이다. 또 로봇, 드론, 3D 프린팅 등 ICT정보통신기술와 나노, 바이오 기술이 융합돼 수많은 난제를 해결할 것이다.

2016년 1월 스위스 다보스에서 열린 세계경제포럼WEF에서는 4차 산업혁명이 경제 위기를 극복할 대안으로 언급됐다. 그렇다면 4차 산업혁명의 주체는 누구일까? 기술의 중요도가 높아졌다고 하나 기술을 만드는 주체는 사람이다.

인류의 역사 발전과 기술 혁신을 이끈 인재들은 우리가 몰랐던 새로운 과학적 사실을 세상에 알렸고 한 줄기 빛과 같은 희망을 보여 줬다. 이런 인재들의 터전이 세계 이공계 대학이며, 이들은 현재 변신에 박차를 가하고 있다.

초·중·고교에서부터 코딩 교육을 받으며 소프트웨어를 자유자재로 다룰 줄 아는 학생들은 교과서라는 틀에 갇힌 낡은 교육 대신 창의적이고 상호작용적인 수업을 요구하고 있다. 이전과는 분명히 다른 새로운 교육방식과 혁신이 필요한 시점이다.

이 책은 미국, 스위스, 스웨덴, 싱가포르, 일본, 중국, 한국 등 전 세계 10대 이공계 대학에서 4차 산업혁명의 주역들이 어떤 교육을 받고 어떻게 성장하는지 심층 분석했다.

MIT 학생들은 미래형 교통수단 '하이퍼루프' 개발에 앞장서고 있다. 비행기보다 빠른 하이퍼루프가 상용화된다면 인류의 교통수단은 또 한 번 변혁을 맞게 될 것이다. 취리히연방공대 연구팀은 하늘이 무대다. 2015년 6월 무인 태양광 비행기를 81.5시간 동안 운행해 이 분야 세계 기록을 수립했다. 난양공대는 사람처럼 행동하고 감정을 느끼는 로봇을 개발한다. 2016년 1월 조지아공대 컴퓨터전공 아숙 고엘 교수가 진행한 온라인 수업에는 '질 왓슨'이라는 인공지능 조교가 등장했다. 인간의 끝없는 도전은 한계를 넘어섰고 새로운 발명을 낳고 있다.

4차 산업혁명 시대 인재의 필수 조건은 명문대 졸업장이 아니라 스스로 문제를 해결하는 능력이다. 정답 없는 문제를 어떻게 풀어 나갈지를 고민하는 창의성과 응용능력이 중요하다. 이 시대적 흐름에 발맞춰 세계 이공계 대학들은 어떻게 하면 국가와 산업계가 필요로 하는 창의적 인재를 길러낼지를 고민한다.

벨 연구소의 초대 사장으로 부임한 프랭크 주이트는 "산업 연구는 인력을 소모man-consuming하지만, 대학 연구는 인력을 생산man-producing하는 활동이다. 잘 훈련된 전문 인력을 지속적으로 공급하는 대학이야말로 산업계의 요구를 충족시킬 수 있는 대안"이라고 했다.

지금 이 순간에도 세계 곳곳의 대학 연구실은 남다른 열정과 도전정신으로 미지의 세계를 개척하는 연구자들로 가득 차 있다. 그들이 있기에 우리는 더 이상 4차 산업혁명이 두렵지 않다.

지난 2년 동안 전 세계 30명 이상의 교수, 학생, 연구원을 취재했고 현장에서 만난 여러분의 생각을 책에 녹이기 위해 노력했다. 소중한 연구시간을 할애해 고견을 전해 주신 분들께 이 자리를 빌어 머리 숙여 감사의 인사를 드린다.

기획단계부터 취재, 집필에 이르기까지 관심과 응원을 보내온 조선비즈 식구들에게도 고맙다는 인사를 전하고 싶다. 사랑하는 아내이자 평생의 동반자 조내현 씨, 세상의 무엇과도 바꿀 수 없는 이쁜 딸 설지유, 언제나 한결 같은 응원자 어머니, 사위 뒷바라지에 애쓰시는 장모님, 든든한 동생 설성문과도 출간의 기뿜을 함께 하고 싶다. 출판사인 다산북스의 김선식 대표님과 직원분들의 노고가 없었다면 서툰 취재기록은 한 권의 책으로 만들어질 수 없었을 것이다. 추천사로 격려해 주신 윤종록 정보통신산업진흥원장, 강성모 전 KAIST 총장, 박종우 삼성SDI 상담역 사장, 홍대형 서강대 공학부 학장께도 감사의 말씀을 전한다.

저자 설성인

종류 **사립대학**

설립 **1861년**

설립자 **윌리엄 로저스**

위치 **미국 매사추세츠주 동부 케임브리지**

교훈 **Mens et Manus**(마음과 손)

학생수

학부 **4,524명** 대학원 **6,852명**(2016년)

진화하는 세계 최고의 명문,
인류의 미래가 우리 손에

매사추세츠공대 *MIT*

'인류에 공헌하라' 미국 매사추세츠에 위치한 매사추세츠
공대Massachusetts Institute of Technology·MIT 는 이러
한 이념을 바탕으로 오늘날 설명이 필요 없는 세계 최고
의 명문 이공계 대학으로 성장했다. 거의 일 년에 한 명꼴
로 노벨상 수상자를 배출하는 곳, 구글·애플·테슬라 등 세
계적 기업들이 탐내는 인재가 모여 있는 곳, 레이더·자심 기억
장치 · 단전자 트랜지스터부터 인공지능에 이르기까지 인류 기술 발전사에 한 획을 써
내려가고 있는 MIT는 단연 이공계 대학의 자존심이다. 이곳에서 인재는 어떻게 성장하
고 있을까?

MIT는 글로벌 교육평가기관으로부터 세계 최고의 이공계 대학이라는 평가를 받고 있다.

🏠 실패부터 배워라

　미국 매사추세츠공과대Massachusetts Institute of Technology·MIT 박사과정전기공학 학생인 매기 델러노는 고교 시절 전 과목에서 90점 이상을 받던 수재였다. 하지만 MIT 캠퍼스를 밟았다는 기쁨도 잠시, 대학 1학년 때 치른 물리학 시험에서 27점을 받았다. 충격을 받은 델러노는 시험 점수를 만회하기 위해 매주 수요일에 밤을 샜다. 결과는 D학점. 공부라면 누구보다 자신이 있던 델러노는 "MIT에 들어오기 전까지는 실패를 몰랐다"고 토로했다.

　상당수 MIT 학생들은 매기 델러노처럼 입학과 동시에 실패라는 쓰라린 경험을 맛본다. 최고의 수재들이 모인 학교이다 보니 아무리 열심히 해도 본인이 원하는 성적이 나오기가 쉽지 않다. MIT의 입학률은 7.9%2014년 가을학기 기준로 라이벌 학교인 칼텍8.8%보다 낮다. 그러나 입학은 MIT라는 거대한 정글의 문턱일 뿐, 더 이상의 성공을 보장하지 않는다. 그래서 많은 MIT 학생들이 학창 시절을 지옥과 같았다고 기억한다.

　학교 측은 학생들이 평균적으로 일주일에 12시간 정도의 수업을 듣고, 한 학기에 12학점을 이수한다고 설명하지만 학생들의 입장은 다르다. 학생들은 수업을 따라가기 위해 예습·복습에 과제까지 제출해야 하므로 주당 70시간 이상은 공부에 투자해야 한다. MIT 선배들이 후배들한테 가장 강조하는 말이 "잠자는 걸 잊어서는 안 된다"일 정도다.

MIT 교수들은 제자들이 입학하는 순간부터 혹독한 교육을 실시한다. 1971년부터 1980년까지 총장을 역임했던 제롬 와이즈너는 MIT의 교육 방식이 소방호스에서 뿜어져 나오는 물을 수저로 떠 마시는 것과 같다고 비유했다. 1991년 MIT 학생들은 이 같은 표현을 상징하듯 가장 큰 강의실 앞에 식수대 대신 소화전을 갖다 놓기도 했다.

이해승 MIT 전기컴퓨터공학부 교수 ⋯ "MIT의 강의는 매우 빠른 속도로 진행되며, 교수는 학생들에게 많은 양의 숙제를 내준다. MIT 교수들의 강의철학은 학생들이 수업 내용 중 30%만 소화할 수 있게 하는 것이다."

구글, 애플, 테슬라 등의 세계적 기업들은 MIT 졸업생을 탐낸다. MIT가 세계 최고의 이공계 대학이니 당연하다고 볼 수 있지만 이렇게 치열하게 탐구하는 학생들을 보면 거기에는 그만한 이유가 있는 셈이다. 학생들은 최고의 대학에서 학부 시절부터 실험과 자료분석, 발표, 협동심을 배운다. 이를 토대로 MIT 학생들은 기업에서 좀처럼 해결하지 못하는 난제도 척척 해내곤 한다.

실전에 강한 교육이 미래 기술개발을 이끈다

　MIT 학생들은 2016년 2월 미국 텍사스 A&M대에서 열린 고속 교통수단 '하이퍼루프' 설계 경연대회에서 세계 100개 이상의 팀과 경쟁해 우승을 차지했다.

　하이퍼루프는 테슬라모터스와 스페이스X의 최고경영자CEO 엘론 머스크가 고안한 캡슐형 초고속 열차시스템으로 열차가 진공 튜브 속을 운행해 공기저항과 마찰을 최소화한다. 머스크의 설계안에 따르면 28인승 하이퍼루프는 지름 3.5m의 원통 통로를 최고 시속 1,200km로 주파할 수 있고, 560km가 떨어진 미국 로스앤젤

2014년 5월 로스엔젤레스에서 스페이스 X CEO 엘론 머스크가 스페이스 X 드래곤 2우주선을 소개하고 있다.

레스와 샌프란시스코를 불과 35분 만에 갈 수 있다.

2016년 5월, 미국 네바다주에서 열린 하이퍼루프 첫 테스트에서 MIT 팀은 아직 브레이크 시스템이 개발 중이었고, 시속 187km의 속도를 내는데 그쳤다. 하지만 속도와 안정성, 공중 부양 능력 등에서 좋은 평가를 얻어 무한한 가능성을 보여 줬다. MIT 팀은 하이퍼루프 상용화를 위해 미 항공우주국NASA, 하이퍼루프 트랜스포테이션 테크놀러지 HTT 등과 개발작업에 협력하고 있다.

필리페 커스챈 MIT 항공우주공학 석사 … "MIT는 과거 한 세기 동안 많은 기술적 돌파구를 보여 줬다. 미래형 교통수단 하이퍼루프

MIT 학생들은 미래형 교통수단 하이퍼루프 개발에 앞장서고 있다.

발전에도 놀라운 도움을 줄 것이다."

하이퍼루프가 지상을 달리는 가장 빠른 열차라면 하늘을 나는 자동차플라잉카도 있다. MIT 졸업생들이 설립한 비행자동차 기업 테라푸지아는 2009년 플라잉카 트랜지션을 선보였다. 트랜지션은 날개를 펼치면 시속 185km의 항속으로 740km를 비행할 수 있는 2인승 경비행기로, 날개를 접으면 고속도로를 달리는 자동차로 변신한다. 연료도 항공유가 아니라 자동차용 휘발유를 사용한다.

영화 「아이언맨」에서 볼 수 있었던 군용 아이언맨 수트도 미 육군 연구소, 바텔연구소와 공동 개발 중이다. 이 수트는 날아오는 총알을 막으며, 무거운 짐을 드는 데 도움이 될 뿐만 아니라 카메라와 센서를 활용해 정보를 수집하고 구글 글래스 같은 헤드업 디스플레이를 통해 주변 상황을 알려 준다. 이를 통해 생화학 전쟁 중에 주변 지역이 오염됐는지 여부를 바로 탐지할 수 있다.

MIT 다니엘 앤더슨 연구팀은 2016년 5월 사람의 얼굴에 있는 주름을 일시적으로 제거할 수 있는 물질을 개발했다. 이 물질은 하나의 산소 원자와 두 개의 실리콘 원자를 결합한 고분자로 구성돼 로션 형태로 만들어졌다. 피부에 바르면 눈에 보이지 않는 탄력적인 막이 제2의 피부를 형성하고, 주름이 숨겨진다. 로션이 마를 때까지 걸리는 시간은 1분 미만으로 땀을 흘리거나 얼굴을 씻어도 로션의 막이 떨어지지 않는다.

MIT에 재직 중인 한국인 교수의 연구성과도 우리의 미래를 바꿀 기술로 꼽힌다. 정광훈 교수는 2016년 7월 국제 학술지《네이처 바이오테크놀로지》에 생쥐의 뇌를 투명하게 만들고 길이를 4배 이상 확대해 기존에 보기 어려운 작은 신경세포 연결까지 확인했다고 밝혔다. 이는 신경세포의 연결망을 밝히는 뇌 지도 연구에 도움이 될 것으로 기대를 모으고 있다. 김상배 교수는 눈 앞에 있는 장애물을 뛰어넘는 로봇 '치타 Cheetah'로 로봇계의 비상한 관심을 끌고 있다.

🏛 세계 3만 개 기업의 산파, MIT

1861년 자연과학자인 윌리엄 바튼 로저스는 미국의 산업을 발전시키는 데 기여할 수 있는 공대를 육성하고자 MIT를 설립했다. MIT는 그러한 설립자의 뜻을 받들어 실용적인 학풍이 특징이다. 초창기부터 유럽식 공대 모델을 채택해 공학과 응용과학 분야에서 연구실을 기반으로 한 활동을 강조했다. 단순히 이론이나 아이디어 수준에서 그치는 것이 아니라 기술적 파급력으로 인류발전에 기여한다는 목표를 지켜 나가고 있다.

빌 클린턴 전 미국 대통령… "MIT는 미국에서 가장 뛰어난 기술 전파 프로그램을 가지고 있다. MIT에서 배운 졸업생들은 캠퍼스에서 지식을 습득하는 데 그치는 것이 아니라 실제 창업에 나섬으로써 산업계에 지대한 영향을 미치고 있다."

2011년 한 해에만 632건의 발명이 MIT에서 탄생했다. 이 중 153건이 특허로 연결됐고, 8,540만 달러의 매출을 올렸다. 로열티로 벌어들인 수입만 6,960만 달러에 달한다.

MIT 동문들의 창업도 과거에 비해 활발해졌다. 2000년대에는 100명의 동문당 창업 기업수가 13.4개였는데, 지금은 18개로 늘어났다. 이는 MIT의 기업가정신 교육과 창업을 장려하는 프로그램이 효과를 내고 있다는 의미다. MIT 동문들이 세운 기업의 생존률도 5년 이상이 80%, 10년 이상은 70%에 달했다.

MIT는 산업 현장에서 돌아가는 일을 교수와 학생들이 정확하게 파악할 것을 독려한다. 산업계와 동떨어진 갈라파고스^{고립 현상}적 연구보다는 철저히 산업적인 연계를 중요하게 생각한다. 많은 교수가 창업 전선에 뛰어들고 성과를 거둔 것도 이 때문이다. 실제로 MIT 교수 중에는 백만장자도 많이 탄생했으며 교수의 승진에도 산업계 기여와 창업 등의 요소가 중요하다.

MIT는 학문적 성과도 눈부신데 영국 교육평가기관 QS의 세계 톱 대학 평가에서 4년 연속 1위 자리를 지켰다. 2015~2016 평가에서는 건축, 컴퓨터과학, 화학공학, 전기전자공학, 기계공학, 제조공학 등이 높은 평가를 받았고 화학, 재료과학, 물리학, 천문학, 경제학, 언어학에서도 높은 경쟁력을 가지고 있다고 인정받았다. 이뿐만이 아니라 수학, 예술 및 디자인, 금융 및 회계도 최근 MIT에서 두각을 나타내는 분야다.

라파엘 라이프 MIT 총장… "MIT 학생들의 창조력과 에너지는 계속 상승 중이다. MIT가 인류에 공헌할 수 있는 힘이 커지고 있다."

MIT는 수많은 노벨상 수상자를 배출했다. 2015년 기준 총 84명교수, 동문 포함의 노벨상 수상자가 탄생했는데, 이는 전 세계 이공계 대학 중 가장 많은 숫자로, 거의 일 년에 한 명꼴로 수상자를 배출한 셈이다.

하지만 MIT의 저력은 단순히 발명 건수나 노벨상 수상자 숫자에서 그치지 않는다. MIT가 2015년 12월 발표한 보고서에 따르면 전 세계적으로 MIT 출신들이 창출한 매출과 일자리 효과는 1.9조 달러에 달했다. IMF국제통화기금 조사 결과 GDP 규모가 세계 9위인 러시아2,097조 달러와 10위인 인도1,877조 달러 사이에 해당한다. 특정 대학 동문들이 일군 경제 효과가 세계 10위권 GDP 규모의 파급력을 가진다는 사실은 MIT가 가진 저력을 보여 주는 단적인 사례다.

MIT의 가장 큰 볼거리 스타타 센터. 충격적인 뒤틀림과 기울어짐은 연구를 실행할 때 필요한 자유로운 사고를 표현한다.

🏛️ 보스턴, 창업 생태계의 중심

MIT의 성과는 지역적 뿌리를 내리고 있는 보스턴의 역할도 컸다. 보스턴은 1970년대와 1980년대 컴퓨팅 산업의 허브 역할을 하면서 왕Wang, 데이터 제너럴Data General, 디지털 이퀴프먼트Digital Equipment 같은 기업을 배출했다. 하지만 1990년대 들어, 수많은 기업들이 숨쉬었던 보스턴 인근을 지나는 128번 고속도로는 PC 혁명의 중심에서 차츰 멀어졌다. 기업들은 보스턴을 떠나 새로운 기회의 땅 '실리콘밸리'로 하나둘씩 발걸음을 옮겼다.

《BBC》는 보스턴이 창업 생태계로서 여전히 기술육성과 창업 측면에서 강점이 있다고 진단한다. 보스턴에는 MIT 같은 세계적 수준의 연구대학이 있으며 능력이 탁월한 인재와 자본을 대는 벤처캐피털VC이 존재하기 때문이다. 또 보스턴의 혁신 생태계는 깊이가 있으며 성숙됐기에 그 연구결과 역시 산업계에 상당한 파급력을 낳고 있다.

조영석 전 MIT 한인학생회장… "MIT의 강점은 주변에 하버드대 같은 학교들이 많아 창업 아이디어가 있는 학생들 간의 교류가 활발하다는 점이다. MIT나 하버드대에서 매년 열리는 창업 관련 대회에 많은 학생들이 참석한다."

MIT와 하버드대 등 보스턴 지역 8개 대학이 1년에 유치하는 연구비, 계약 규모는 15억 달러에 달한다. 이는 21세기 스타트업신생 벤처기업 탄생의 양분이 되고 있다. 한 예로 1985년에 설립된 MIT 미디어랩과 하버드대 아이랩i-Lab은 웨어러블 컴퓨팅부터 전기자동차까지 다양한 산업 분야의 산파 역할을 하고 있다.

레이더부터 인공지능까지

MIT의 과거는 우리의 현재이자 미래다. MIT가 세상에 내놓은 발명품은 정보화혁명을 넘어 4차 산업혁명의 초석이 됐다.

2016년 1월 별세한 고 마빈 민스키 MIT 명예교수는 4차 산업혁명의 핵심인 '인공지능AI · Artificial Intelligence'의 아버지로 불린다. 그는 1951년 박사과정에서 진공관을 이용해 사람의 뇌를 본뜬 세계 최초의 신경망 컴퓨터 'SNARC'를 만들었고, 이후 1959년부터 MIT에서 인공지능 프로젝트를 시작했다. 현재 우리가 사용하는 인공지능이라는 용어 역시 민스키가 만들었다. 그는 디지털 정보를 자유롭게 공유해야 한다는 개념을 제시해 인터넷의 시초로 불리는 아르파넷ARPANET의 탄생을 이끌기도 했다.

민스키는 1956년 생물학과 화학 실험실의 필수기기인 공초점 현미경을 개발했고, 1963년에는 가상현실 경험에 활용되는 헤드마운트 디스플레이를 발명했다. 1980년대에는 니콜라스 네그로폰테 MIT 명예교수와 함께 상상력 발전소로 불리는 MIT 미디어랩을 설립했다.

민스키뿐만이 아니라 MIT의 인재들은 인류 기술 발전사에 무수한 족적을 남겼다. 레이더, 자심 기억 장치magnetic core memory · 대형 고속 전자계산기에서 기억 장치로 사용, 차세대 반도체 단전자 트랜지스터, 3차원으로 인쇄된 물리적 모델을 자기공명영상MRI으로 변환하는 시스템 등을 비롯해 컴퓨터 언어, 기계어, 로봇, 암호작성술 연구에도 크게 기여했다. 분자생물학, 종양학, 면역학, 유전학도 MIT가 성과를 내고 있는 분야다. 이메일, 디지털잉크, 스프레드시트 등도 MIT에서 나온 산물이다. 월드와이드웹www의 산파인 팀 버너스리는 MIT 교수 출신이며, 인류 역사상 두 번째로 달을 밟은 우주비행사 버즈 올드린과 폴라로이드 카메라의 개발자 에드윈 랜드 역시 MIT 졸업생이다.

한편, 인류의 기술 발전을 이끌어 온 MIT지만 세계 2차 대전 당시 군용 연구로 인해 사회적인 비판을 받기도 했다. 1940년 MIT 안에는 방사선 연구실이 만들어졌는데, 이 연구실은 영국군을 지원하기 위해 마이크로파 레이더를 개발하는 것이 목적이었다. 전쟁이 끝날 때까지 4,000명의 인력이 방사선 연구에 동원됐던 것으로 전해진다. 이곳에서 만들어진 사격조준기, 폭격조준기 같은 장치들은 전쟁에서 상당한 성과를 냈다. 종전 후에도 MIT는 탄도미

인공지능 분야를 개척한 마빈 민스키. '사람은 생각하는 기계다' 라는 철학을 세웠으며 AI, 인터넷 등을 만든 선구자로 손꼽힌다.

마빈 민스키가 만든 가상현실 경험에 활용되는 헤드마운트 디스플레이.

사일이나 아폴로 프로젝트에 참여하면서 국방 연구를 적극적으로 추진했다.

1960년대와 1970년대에 들어 MIT는 계속된 국방 연구에 격렬한 저항을 맞게 되었다. MIT 교수진과 학생들이 앞장 서 베트남전쟁과 국방 연구에 반대하는 시위를 벌였기 때문이다.

🏠 러시아와 손잡고 과학기술의 미래를 열다

'인류에 공헌하라'는 MIT의 철학은 대외 협력 관계에서도 고스란히 드러난다. 러시아는 과거 미소 냉전 시절 미국과 철저히 경쟁하는 관계였다. 하지만 오늘날 MIT는 러시아와 협력관계를 구축하고 공동 연구를 진행하고 있다.

모스크바에서 20km 떨어진 농업 실험 지역에 들어서는 스콜코보 Skolkovo 과학기술대는 MIT가 커리큘럼을 짜고 러시아 정부가 재정적인 지원을 한다. 러시아 정부는 기술 스타트업 생태계를 구축하는 동시에 세제, 비자, 관세 혜택을 부여해 IBM, 마이크로소프트 MS, 지멘스 같은 기업들을 이곳에 유치하기 위해 노력 중이다.

그중 '스콜텍 Skoltech'이라는 별명을 가진 연구소는 초기 30명의 교수로 출발했는데 향후 10년 내에 교수진을 200명까지 늘린다는 비전을 가지고 있다. 러시아는 스콜텍을 미국 캘리포니아공대 칼텍,

스탠퍼드대, 스위스 취리히연방공대, 영국 임페리얼컬리지처럼 세계적인 연구기관으로 육성한다는 전략이다.

빅토르 벡셀베르그 스콜코보 재단 대표 … "러시아는 아이디어는 많지만 상업화에서 뒤쳐져 있다. 우리는 오늘날 러시아가 혁신적인 프로젝트를 스스로 창출하지 못하는 것을 우려하고 있다. MIT라는 이름은 학생을 유치하는 데 매우 유용할 것이며 따라서 MIT가 이곳에 있다는 이유만으로도 사람들은 매력을 느낄 것이다."

MIT … "스콜코보에 러시아 최고의 과학자들이 몰릴 것이다. 이 곳은 어마어마한 양의 재능이 꽃피는 인큐베이터가 될 것이다."

MIT는 미국 대학 중에서도 해외 진출에 가장 적극적인 학교다. 아부다비, 중국, 포르투갈, 싱가포르 등에 진출했다. MIT는 2007년 아부다비 마스다르Masdar 과학기술대의 설립을 도왔다. 마스다르 과학기술대는 중동의 신재생에너지 연구의 허브로 190억 달러의 투자를 유치했다.

MIT 학생들은 보스턴의 이웃 대학인 하버드대 학생들과 경쟁 의식을 갖고 있다.

🏫 MIT 학생 장난이 해킹 문화로 이어져

MIT의 라이벌 대학으로는 흔히 미 서부에 있는 칼텍을 떠올린다. 하지만 보스턴의 이웃 대학인 하버드대 역시 라이벌 의식이 상당하다.

MIT 학생들은 1948년 하버드대와 예일대의 친선 미식축구 게임 전날 경기장 바닥에 도폭선 동시폭발에 쓰이는 금속관을 묻고 경기 당일 경기장에 'MIT'라는 글자가 타오르도록 꾸몄다. 이런 깜짝쇼를 MIT 학생들은 '핵 hack'이라고 불렀다.

해킹 hacking은 오늘날 사이버테러 공격으로 취급받지만 원래는 즐거움을 주는 장난스러운 행동이라는 의미를 갖고 있다. MIT 학생들이 자신들이 가진 기술을 뽐내는 전통에서 이 해킹이 시작됐다.

1960년대에는 MIT에서 인공지능을 연구하던 학생들이 밤마다 몰래 학교 컴퓨터에 접근해 각종 프로그램을 실행하기도 했다. 이 때 핵을 하는 사람이 바로 해커 hacker였다.

2013년 MIT와 하버드대 신입생은 온라인에서 맞붙었다. MIT 학생들이 하버드대 신입생의 비공식 사이트를 해킹해 하버드대 학생들의 사진을 미트 롬니 공화당 대선 후보로 바꿨다. 그리고 "젠장, 나는 MIT 학생들만큼 훔친 물건이 많기를 바란다"는 메시지를 띄웠다. 하버드대 신입생들은 이 같은 MIT 신입생의 도발에

당황했고, 전쟁을 선언했다.

한편, MIT 교수들은 학생들의 강점을 부각시키고 어떤 학교보다 교육에 대한 열의가 강한 것이 특징이다. 하지만 숨쉴 데 없는 학업 스트레스는 부작용을 낳기 마련이다. MIT 학생의 자살률이 미국 대학 중에서도 가장 높은 수준이라는 사실을 보면 알 수 있다. 학교 측도 이런 점을 인식해 자살 예방 활동과 정신 건강 교육을 꾸준히 실시하고 있다.

《보스턴글로브》에 따르면 2005년부터 2014년까지 10년간 MIT의 자살률은 학생 10만 명당 10.2명이었다. MIT 학생의 자살은 대학원생보다 나이가 어린 학부생에서 자주 목격됐다. 1994년과 2005년 사이 MIT 학부생의 자살률은 10만 명당 18.7명에 달하기도 했다.

🏠 친절함은 지식만큼 중요하다

메간 스미스 미국 국가 최고기술책임자 ⋯ "친절함은 지식만큼 중요하다. 사람들은 상대방의 의견을 무시하는 나쁜 습관을 가지고 있다. 만약 암을 치료할 수 있는 아이디어가 내가 아닌 다른 사람에게서 나온다면 어떻게 할 것인가?"

드넓은 MIT 캠퍼스를 거닐다 곳곳을 살펴보면 독특한 건축물과 조각상들을 발견할 수 있다.

2015년 6월 MIT 졸업식에서 메간 스미스 미국 국가 최고기술 책임자CTO가 MIT 졸업생들 앞에서 한 말이다. 메간 스미스는 MIT 미디어랩 출신으로 구글의 비밀병기인 '구글X'를 담당했다.

그녀의 발언에는 어떤 의미가 담겨 있을까? 당장은 수학 방정식이나 과학적 문제의 답을 찾을 수 없더라도, 친절하고 포용적이며 개방적인 자세로 살다 보면 우리는 언젠가 문제를 해결할 수 있다는 뜻이다.

MIT 졸업생들은 스미스의 발언을 통해 평생의 지침을 얻었다. 세상을 바꾸는 기술과 발명은 천재 한 명의 머리에서 나오기도 하지만 상당수는 공동 연구와 프로젝트에서 탄생한다. 세계 최고의 이공계 대학 MIT에서도 지식보다 인성이 더 중요하다는 사실을 강조하고 있다.

MIT 출신들은 모교의 발전과 함께 다른 대학에도 지대한 영향을 미쳤다. MIT 개교 멤버였던 찰스 엘리엇 교수는 1869년 보스턴에 있는 이웃 학교인 하버드대 총장에 부임했다. 그는 40년간 하버드대를 이끌면서 미국 대학 교육에 지대한 영향을 미친 인물로 평가받는다.

MIT 동문인 조지 엘러리 헤일은 MIT의 라이벌인 칼텍 발전에 중요한 역할을 했고, 데이비드 볼티모어 교수도 칼텍 총장으로 활동했다. 로버트 브라운 MIT 공과대학장은 보스턴대 총장으로 자리를 옮겨 지역 대학 발전을 이끌었다.

MIT 기계공학과에서 활동했던 서남표 교수는 모국인 한국에서 KAIST 총장을 지냈다. MIT 특유의 강한 추진력과 개혁 스타일은 KAIST에 강한 인상을 남겼다.

한편, MIT의 졸업식 연설은 영광이자 아무나 설 수 없는 무대다. 2016년 MIT 졸업식에는 영화배우 겸 감독인 맷 데이먼이 연설자로 나섰다. 영화 「굿 윌 헌팅」으로 유명한 그는 MIT의 이웃학교인 하버드대 중퇴생이다. 흥미로운 점은 「굿 윌 헌팅」의 배경이 MIT 라는 것. 「굿 윌 헌팅」에서 맷 데이먼은 MIT에서 일하는 청소부로 천재적인 수학 재능을 가진 사람으로 등장한다.

MIT … "데이먼은 세상을 좀 더 좋은 곳으로 만들기 위한 열정을 가지고 영화를 만들고 있다. 그가 MIT 졸업 연단에 설 만큼 MIT 학생들은 세상을 개선하기 위해 과학과 기술에 열정을 갖고 매진하고 있다."

이외에도 무수한 유명 인사들이 거쳐갔다. 카를로스 살리나스 데 고르타리 전 멕시코 대통령1993년, 앨 고어 전 미국 부통령1996년, 코피 아난 전 UN 사무총장1997년, 빌 클린턴 전 미국 대통령1998년을 비롯해 MIT 졸업생인 칼리 피오리나 전 HP CEO 2000년, 어윈 제이 콥스 퀄컴 공동창업자2005년, 벤 버냉키 전 미국 연방준비제도이사회 의장2006년, 드류 휴스턴 드롭박스 창업자2013년가 졸업생 앞에

섰다. 이밖에 우르술라 번스 제록스 CEO 2011년, 엘렌 쿨먼 전 듀폰
회장 2014년도 MIT 졸업식에서 연설을 했다. 2017년 졸업식에는 팀
쿡 애플 CEO가 연사로 나섰다.

팀 쿡 애플 CEO … "MIT 출신의 우수한 직원이 애플에서 많이 일
하는 것이 자랑스럽다. 기술은 좋은 세상을 만드는 막강한 힘
이 있다."

🏫 명예박사 없고 정식학위만 고집

MIT에만 없는 것도 있다. 대표적으로 MIT는 명예학위를 수여
하지 않는다. 다른 대학들이 외부인사나 동문에게 명예박사 학위
를 주는 것과 달리 MIT는 정식학위만을 고집하고 있다. 이는 정
치·경제적 권력과 대학의 유착관계를 우려하기 때문이다. 대신 명
예교수직은 적극적으로 부여하고 있는데, 영국 전 총리인 윈스턴
처칠 1949년, 소설가 살만 루시디 1993년 등이 MIT의 명예교수이다.

미국《타임지》는 2016년 1월 미국에서 가장 부유한 대학 10곳
을 선정해 보도했는데 MIT는 하버드대, 예일대, 텍사스대, 프린스
턴대, 스탠퍼드대에 이어 6위를 차지했다. 2015 회계연도의 기부
금은 134억 7,000만 달러에 달한다. 학생 1인당 기부금 가치가 120

독특한 대학 기숙사 건물을 꼽을 때 꼭 들어가는 MIT 기숙사 시몬스홀. '스펀지'라는 개념을 형상화했는데 뚫리고 열려 있는 부분은 생동감을 상징한다.

만 달러에 달하는 것으로 나타났다. 특히, 기부금 증가율은 8.4%로 하버드대1.6%, 스탠퍼드대3.6%, 미시간대2.3% 등을 압도한다.

MIT는 일반인에게 동등한 교육 기회를 제공하는 온라인공개 강좌 개설에도 적극 나서고 있다. 2002년 시작한 '공개강좌 프로그램 OpenCourseWare·OCW'을 통해 MIT에서 진행되는 강좌를 컴퓨터로 한국에서도 시청할 수 있다. MIT에 따르면 OCW에서 현재 제공되는 강좌는 2,340과목, 방문자 수는 2억 명에 달한다. 방문자의 43%가 독학자이며, 42%는 학생이다. 미주 뿐만 아니라 아시아, 유럽, 아프리카 등 세계 각지에서 지식이 필요한 사람들이 OCW를 찾고 있다.

인_터_뷰

김상배 MIT 기계공학과 교수

Q. MIT는 명실상부한 세계 최고의 이공계 대학이다. 1위 자리를 유지하는 비결은 무엇인가?

김상배 ··· "1등을 하는 것도 어렵지만 유지하는 것도 만만치 않다. MIT가 오늘날의 경쟁력을 갖게 된 비결은 '인류에 공헌하라'는 철학을 철저히 실천했기 때문이다. 사회가 대학에 요구하는 역할이 많다. 세상에 없던 발명이나 이론도 만들어야 하고 논문 성과나 창업에도 적극 나서야 한다. 내가 가진 공학 기술로 이 세상에 영향을 미치고자 하는 정신을 살리는 것이 MIT가 궁극적으로 지향하는 바다."

Q. MIT는 강의 수준이 높고 학업 스트레스가 심한 '엘리트 교육'으로 유명하다. 교수와 학생들의 수업에 대한 태도의 특징은 어떠한가?

김상배 … "MIT 교수들은 수업이나 연구실적에서 서로 치열하게 경쟁한다. 단순히 논문 숫자보다는 양질의 연구실적을 내는 일에 최선을 다하는 문화를 갖고 있다. 특히 상위권 학생에 집중한 심화교육을 지향한다. 수업 내용을 잘 이해하지 못 하고 학점만 받고 졸업하는 학생도 있지만, 성적이 상위 1%에 드는 학생은 심지어 교수보다 머리가 좋다고 생각될 때가 있다. 따라서 교수들도 최대한 많은 지식을 전달하기 위해 노력한다."

Q. MIT는 산학협력이 활발한 학교로 알고 있는데, 지원은 어떠한가?

김상배 … "과거에는 기본적으로 유입되는 지원이 많았지만 지금은 상황이 달라졌다. 좋은 연구를 하기 위해서는 충분한 지원이 필요하기에 현재 교수들에게 연구를 위한 자금 유치가 가장 큰 스트레스다."

Q. MIT 학부생들이 석·박사과정으로 진학을 많이 하나? 졸업 후 학생들의 진로는 어떠한가?

김상배 … "미국에서는 학부와 대학원을 같은 곳으로 진학하는 일은 드물다. 하지만 MIT 학생들은 자부심을 갖고 있기 때문에 동 대학원에 진학하는 경우가 많다. 졸업 후에는 전공에 따라 다르지

만 주로 애플, 구글 같은 글로벌 기업에 취업하거나 직접 창업에
나서는 학생도 있다."

Q. MOOC 온라인 공개 수업·Massive Open Online Course 열풍이 대학에 불고
있다. 이에 대한 견해는?

김상배 … "고품질 강의는 유튜브에 10년 전부터 올라왔고, 책이나
인터넷을 통해 얼마든지 지식을 습득할 수 있는 세상이 됐다. 위
키피디아로 공부를 해도 웬만한 교수보다 똑똑해질 수 있다. 하지
만 지식은 한 사람의 능력을 평가하는 일부분에 불과하다. 중요한
점은 지식을 어떻게 응용 apply 하고 생각할지에 대한 방법을 배우
는 것이다. MIT라는 터전에서 교수와 학생들이 직접 소통하면서
배울 수 있는 점들이 많다."

종류 **사립대학**
설립 **1891년**
설립자 **에이머스 스루프**
위치 **미국 캘리포니아주 패서디나**
교훈
The truth shall make you free
(진리가 너를 자유롭게 하리라)
학생수
학부 **979명** 대학원 **1,261명**(2016년)

소수정예 이공계 엘리트 양성 사관학교

캘리포니아공대 *Caltech*

수학, 과학은 잘하는데 사교에는 관심이 없는 학생, 운동이나 취미보다는 공부에만 몰두하는 학생, 미국의 많은 대학들이 모범생보다 봉사활동이나 사회성을 강조하지만 캘리포니아공대 California Institute of Technology·칼텍 는 예외다. 칼텍은 공부에 전념하고 자신의 재능을 살릴 수 있는 면학 분위기를 조성해 준다. 이곳에서 인재들은 팀플레이와 융합의 문화를 배우며 미래의 이공계 엘리트로 성장하고 있다.

캠퍼스 중앙에 자리한 9층 건물 밀리컨 도서관은 칼텍 지진연구소 연구자료용 건물로 진도 9.0의 강진에도 버틸 수 있게 설계되었다.

🏛 교과서 없는 강의실, 칼텍

토마스 로젠바움 칼텍 총장 … "칼텍은 세계적 석학들이 경쟁적으로 학문을 탐구하고, 창의적인 학생들이 아직 개척되지 않은 미지의 영역을 모험하는 곳이다."

미국 캘리포니아주 남부 패서디나에 위치한 캘리포니아공대 California Institute of Technology·칼텍 강의실은 교과서가 없다는 점이 특징이다. 교수들은 매 강의마다 직접 자료를 준비한다. 하루가 멀다하고 발전하는 과학·공학 분야에서 교과서는 시대에 뒤떨어지기 때문이다.

칼텍 교수들은 1년에 1~2과목만 강의하면서 최신 학문 트렌드와 새로운 이론·사례를 전달하기 위해 강의를 철저히 준비한다. 하지만 정성껏 준비한 강의라고 학생들이 100% 의무적으로 수강할 필요는 없다. 일부 학생들은 수업 내용은 온라인 게시판을 참조해 따라가고, 자신이 하고 싶은 수학·과학 공부를 한다.

강의 출석은 학생의 자유지만 과제 난이도는 상당하다. 도서관에서 밤을 새는 학생은 물론, 며칠 동안 한 문제로 씨름하는 학생도 어렵지 않게 볼 수 있다. 강의 외에 시험과 숙제는 칼텍 학생의 일상 생활이자 의무이며 학교가 아닌 집이나 도서관에서도 이를 소화할 수 있다. 학생들은 시험 중에 오픈북이나 인터넷 검색이 허용되지만 친구와 토론은 금지다. 이 같은 규칙은 칼텍 교수와 학생 간의 신뢰이자 전통이다. 칼텍 학생들은 틀에 박힌 교과서만 달달 외우면 되는 시험을 볼 필요가 없다. 스스로 문제를 해결하는 시간과 노하우를 익히고 그 과정에서 나만의 사고력을 길러 나간다.

이런 칼텍에서도 학생들이 꼭 지켜야 하는 의무는 있다. 1학년의 경우 의무적으로 기숙사 생활을 해야 한다. 학교 측은 기숙사를 단순히 기숙사나 사교그룹이 아닌 '자치 생활집단self-governing living group'이라고 부른다. 이곳에서 칼텍의 신입생들은 동료들과 토론하고 함께 생활하는 법을 터득하며 학교의 문화를 배운다.

🏫 숫자는 의미 없다··· 최고의 교수·학생만 있으면

학부생 1,000명, 대학원생 1,200명, 교수진 320명. 칼텍의 현황을 보여 주는 숫자들이다. 학생수로 따지면 작은 고등학교 하나에 불과하지만 칼텍에 입학한 학생들은 그야말로 혹독한 입학관문을 뚫은 수재들이다. 2014년 가을학기 입학생의 경우 합격률은 8%. 미국 명문대학인 MIT 8%, 스탠퍼드대 5%와 어깨를 나란히 하는 수준이다. 특히 칼텍 입학생의 98%는 고교시절 성적이 상위 10%에 들었던 학생들이다.

포스텍 포항공대은 1987년 첫 신입생을 뽑으면서 '한국의 칼텍'을 표방했다. 칼텍처럼 규모는 작지만 세계적인 연구 중심 대학으로 성장하겠다는 의미다.

칼텍 학생들은 입학 후 30개 과목을 필수로 이수해야 한다. 이 중에는 수학, 물리학, 화학, 생물학, 과학적 글쓰기 등이 포함돼 있고 이공계 전공자들도 10개 이상의 인문학 과목을 배운다. 인문학적 소양을 길러야 한다는 학교의 방침 때문이다.

학부생의 경우 교수 1인당 학생수가 3명에 불과하다. 대학원생역시 교수 1인당 학생수가 4명 수준이다. 학교 설립 이후 이 비율은 철저히 지켜지고 있는데, 이런 '소수정예의 원칙'이 오늘날 칼텍을 세계 정상급 대학으로 만든 원동력이라 평가한다.

칼텍 교수들은 학생들을 일대일로 지도하는 것뿐만 아니라 성심성의껏 가르치는 것으로 유명하다. 아무리 뛰어난 스승이라고 해도 여러 명의 학생을 지도하면 학업 효율이 떨어지기 마련이다. 그러므로 소수정예의 칼텍 학생들은 배움의 기회가 많다. 칼텍의 라이벌로 불리는 MIT도 종합대학으로 변신하고 있지만 칼텍만큼은 순수 이공계 대학의 성격을 잃지 않고 있다.

칼텍은 34명의 노벨상 수상자를 배출한 것 외에도 교수 3명 중 1명이 미국 국립과학원NAS이나 미국 과학아카데미 멤버다. 이는 미국 대학 중에서도 가장 높은 비율이다. 칼텍의 교수 선발절차는 아주 까다로운 것으로 정평이 나 있는데 학교는 수차례 인터뷰를 통해 칼텍에서 연구하고 학생들을 가르칠 교수를 선택한다. 교수

영입에는 예산과 시간에 제한을 두지 않는 만큼 꼭 필요한 교수는 삼고초려도 불사한다는 원칙을 갖고 있다.

장승순 조지아공대 재료과학 및 공학 교수(칼텍 박사후 연구원) … "교수진이 초일류라는 것이 대학평가에서 상위권을 유지하는 기본 조건이다. 뛰어난 교수가 있기에 성적이 우수한 학생이 입학하고, 교직원들은 교수와 학생이 마음껏 공부하고 연구할 수 있도록 전폭적인 지원을 아끼지 않는다. "

칼텍은 학교의 명성에 걸맞게 매년 세계 대학평가기관들이 발표하는 순위 경쟁에서 정상권에 이름을 올리고 있다. 2014년 영국 《더 타임즈》 평가에서 94.3점을 받아 1위를 기록했고 캘리포니아 지역에 있는 스탠퍼드대 3위, UC버클리 13위, UCLA 16위를 제치고 2015년까지 5년 연속 최고의 연구대학 자리를 지켰다. 논문점수에서는 만점 100점에 가까운 99.7점을 받았다. 이는 칼텍의 연구성과가 얼마나 탁월한지를 알 수 있는 지표다. 리서치에서도 98.1점으로 연구 중심 대학다운 면모를 과시했다.

토마스 로젠바움 칼텍 총장 … "칼텍은 과학·공학에서 새로운 분야를 정의한다. 또 학제 간 경계를 무너뜨리는 것이 칼텍만의 강점이다."

🏛 아시아 학생에게도 열린 문호

영국《이코노미스트》와 미국《월스트리트저널》은 2015년 10월 미국 명문대학의 인종 차별을 집중 보도했다. 대학 입학시험에서 만점에 가까운 성적을 받았고, 버락 오마바 전 대통령 취임식에서 노래를 부른 중국계 미국인 학생이 7개 아이비리그 대학 중 6곳에서 불합격 통지를 받은 것이다. 미국 대학 사회에서는 여전히 대나무 천장서구 사회에서 아시아 국적이나 아시아계 이민자의 고위직 상승을 막는 보이지 않는 장벽이 존재한다는 사실을 알 수 있는 사건이다.

MIT와 스탠퍼드대 같은 학교도 상황은 마찬가지다. 2005년 중국인 유학생이 대학 입학시험에서 만점을 받고도 이들 대학에서 낙방했다. 하버드대 등 일부 미국 명문대는 특정 인종이 급속히 늘어나는 것을 제한하는 '쿼터제'를 실시하고 있다. 하지만 칼텍은 오로지 성적으로만 학생을 선발한다.

칼텍 학부생 중 상당수는 아시아계 출신이다. 2014년 입학생의 44%가 아시아계로 백인28%을 능가했다. 대학원생은 입학 기준으로 백인 비중이 38%로 가장 높았고, 아시아계는 12%로 집계됐다. 아시아계 입학생 비중이 14~18%에 불과한 하버드대·예일대·프린스턴대 등에 비해 상대적으로 문호가 열려 있다.

이런 칼텍도 1970년까지는 여학생들의 입학이 허용되지 않았다. 이는 성차별이었으나 그때까지만 해도 미국 내 대학에서는 여

학생들이 자유롭게 캠퍼스를 활보하는 풍경이 낯설었다. 하지만 현재 칼텍에 재학 중인 여학생 비율은 학부생은 36%, 대학원생은 26%로 그 숫자가 상당하다.

🏛 34명 노벨상 수상자의 산실

칼텍의 교수 식당은 라틴어로 아테네 신전을 뜻하는 '애서니움Athenaeum'이다. 이곳 식당 중앙에는 노벨Nobel 테이블로 불리는 특별한 좌석이 있는데 노벨상 수상자 교수들이 함께 식사를 하는 식탁에 붙여진 이름이다. 이 노벨 테이블에서 이뤄지는 대화 수준은 세계적 대가들답게 매우 높다고 전해진다.

칼텍에서는 34명의 교수 및 동문들이 노벨상을 수상했는데 이를 통해 소수정예의 힘이 얼마나 위대한지 알 수 있다. 상당수 노벨상 수상자들은 수상 후에도 후학 양성을 위해 연구실을 지키고 있다.

칼텍 발전에 공헌한 인물로는 데이비드 볼티모어를 꼽을 수 있다. 그는 불과 37세의 나이에 노벨상을 받을 정도로 능력을 인정 받은 천재 과학자다. 1999년에는 빌 클린턴 전 미국 대통령이 과학자에게 수여하는 국가 최고의 훈장 국가 사이언스 메달US National Medal of Science을 받기도 했다.

1997년 볼티모어는 칼텍 총장에 부임했다. 칼텍 설립 후 총장 직은 줄곧 물리학을 전공한 사람이 맡았었는데 그 규칙을 깬 이가 바로 볼티모어다. 그는 9년간 재직하면서 눈부신 성과를 이어 갔다. 임기 동안 1조 원이 넘는 기부금을 확보했고, 미 항공우주국 NASA과 공동 운영하는 제트추진실험실 JPL은 화성탐사 로버 미션을 성공적으로 수행했다. 건물 신축, 여학생 증가, 학부생 지원 등 총장으로서 뜻깊은 업적을 남겼다. 볼티모어는 미국 정책에도 영향을 미쳤다. 유전공학 기술의 위험성을 공개했고, 에이즈백신연구위원회 위원장과 줄기세포, 유전자편집 기술 등의 이슈에도 관여했다.

라틴어로 아테네 신전을 뜻하는 교수 식당 애서니움. 노벨 테이블은 노벨상을 수상한 교수들이 함께 점심 식사를 하는 식탁이라는 의미에서 붙여진 이름이다.

🏫 스타 물리학자 파인만이 여생을 보낸 학교

칼텍을 이야기할 때 빼놓을 수 없는 인물이 바로 '리처드 파인만'이다. 그는 20세기 후반기를 평정한 물리학 영웅으로 현대 물리학이 자리잡는 데 가장 커다란 역할을 했으며, 후대 물리학자의 사고방식에 지대한 영향을 미쳤다. 물리학자 폴 데이비스는 『파인만의 여섯가지 물리 이야기』라는 책을 썼는데, 이 책은 고 노무현 대통령이 여름 휴가철에 읽을 정도로 국내에서도 화제를 모았다.

자연에 대한 뉴턴식 사고방식은 200여년 동안 과학자의 길을 안내하는 이정표가 됐고, 고전 물리학 이론은 뉴턴의 고전역학에 뿌리를 뒀다. 그러다 20세기 전반기에 혜성처럼 등장한 아인슈타인이 뉴턴이 가지고 있던 천재 자리를 뺏었다. 이후에 등장한 파인만은 뉴턴, 아인슈타인과는 또 다른 기조를 추구하는 학자였다.

뉴턴이 이론과 실험 분야에서 재능을 보였고, 아인슈타인이 두뇌의 사고에 의존하는 스타일이었다면, 파인만은 이론을 통해 자연에 대해 이해하고, 동시에 실험실에 틀어박혀 자연의 실체와 씨름했다.

파인만이 세상에 이름을 알린 것은 양자전기역학QED · Quantum Electrodymamics의 이론체계를 완성하던 무렵이었다. 양자이론은 QED의 탄생과 함께 시작되었다고 해도 과언이 아니다.

1900년에 독일의 물리학자였던 막스 플랑크가 흑체복사 현상

아인슈타인 이후 20세기 최고의 천재물리학
자로 평가받는 미국의 과학자 리처드 파인만.

을 설명하기 위해 '빛의 에너지는 양자 덩어리의 형태로 존재한다'
는 가설을 내세웠다. 1930년대 초반에 이르기까지 여러 학자들이
전하를 가진 입자들에 의해 빛이 방출되고 흡수된다는 원리를 수
학적으로 정리했다. 그러나 QED에 앞서 나왔던 이론들은 심각한
문제점을 갖고 있었다. 계산된 물리량이 엉뚱한 값을 주는가 하면,
심지어는 무한대가 되어 버리는 경우도 있었다.

1940년대 청년 파인만은 열정을 가지고 올바른 QED를 찾기
시작했다. QED는 양자역학뿐만 아니라 상대론적 효과까지도 고
려해야 했다. 그런데 두 이론은 수학적 체계가 너무 달라 방정식
을 한데 합치는 일은 순탄치 않은 작업이었다. 파인만은 새로운 도

식diagram을 만들어 냈고, 이는 전자와 광자를 비롯한 여러 입자들이 상호작용을 주고받을 때 벌어지는 상황을 일목요연하게 보여줬다.

그는 QED를 완성한 공로로 1965년에 노벨상을 수상했다. 타고난 익살과 장난으로 유명했던 그는 수상 소감마저도 다소 엉뚱했다. "딱히 상을 거절할 이유가 없어 마지못해 받았다"고 말한 것이다.

물리학에 널리 알려진 법칙은 뉴턴의 중력이론이다. 이 문제는 태양계 운동에서 유도돼 케플러의 법칙으로 연결된다. 파인만은 중력이 우주 전역에 걸쳐 광범위하게 작용하는 힘인 것을 강조하기 위해 특유의 위트를 발휘해 이렇게 말했다.

리처드 파인만… "사진 속에서 중력의 존재를 느끼지 못하는 사람은 영혼이 없는 사람이다."

파인만은 논문을 쓰는 것은 좋아하지 않았지만, 대화를 나눌 때는 달변가였다. 그의 매너는 칼텍 교단에서 더욱 빛났다. 번뜩이는 영감과 깊은 통찰, 유머를 구사하면서 학생들에게 최고의 물리학 강의를 선사했다. 학생들은 그를 영웅처럼 존경하고 숭배했다. 1988년 파인만이 암으로 세상을 떠났을 때 칼텍 학생들은 "딕, 우리는 당신을 사랑합니다"라는 현수막을 걸었다.

파인만은 1960년대 초반에 칼텍 1~2학년 학생들에게 기초 물리학을 강의해 달라는 요청을 받았다. 그 불멸의 강의는 책으로 남아 후대에 전수됐다.『파인만의 물리학 강의』라는 제목으로 출판된 강의록은 아직도 전 세계 물리학도의 필독서로 불린다.

🏫 축제도 재미 아닌 과학 실험

칼텍은 이공계 수재들이 다니는 학교답게 이벤트도 평범하게 넘어가지 않는다. 과학적 실험과 단순 재미를 넘어 특별한 의미를 부여한다.

칼텍 학생들은 매년 핼러윈10월 31일이 되면 캠퍼스 중앙 밀리칸 도서관 꼭대기에서 '밀리칸 호박 떨어뜨리기 실험'을 벌인다. 밀리칸 도서관은 학교에서 가장 높은 건물인데 액화질소로 얼린 호박이 바닥에 떨어지면 산산히 부서지는데 이때 순간적인 마찰로 빛이 난다. 해마다 이벤트가 벌어지는 밤 11시면 구경꾼들이 몰려들고 도서관 주변은 호박이 내는 빛과 함께 부서진 호박으로 물든다. 이 행사는 약 5분간 진행되는데 1972년부터 40년 넘게 이어져 오고 있다.

매년 졸업생들이 주축이 돼 진행하는 '땡땡이의 날Ditch Day'도 특별하다. 졸업을 앞둔 4학년 학생들은 학기 중 하루를 정해 수업

햴러윈데이에 진행되는 '밀리칸 호박
떨어뜨리기 실험'은 재미를 넘어 과학
적 의미가 있다.

등 학사 일정을 중단한 채 기숙사 방을 비운다. 선배들은 기계·
전기·소프트웨어 등 다양한 분야의 문제를 몇달 동안 심사숙고해
후배들에게 제시한다. 후배들은 이 기상천외하고 어려운 숙제를
풀어야 방에 들어갈 수 있다. 교수들 역시 학생들이 땡땡이의 날
행사에 참여할 수 있도록 수업을 휴강하고 배려해 준다. 멋모르고
등교한 학생들은 응징을 당하는데 캠퍼스 나무에 묶이거나 물벼
락을 맞기도 한다.

  칼텍의 또 다른 전통은 기말고사 기간에는 아침 7시에 리하르
트 바그너의 발킬리의 기행 Ride of the Valkyries을 아주 큰 소리로 연

주할 수 있다는 것. 발킬리의 기행은 아폴로 17호의 비행사이자 칼텍 동문인 해리슨 슈미트의 아침을 깨웠던 곡이다.

🏠 라이벌 대학 MIT와의 짓궂은 장난

미국 서부를 대표하는 칼텍과 미국 동부를 대표하는 MIT. 이 두 대학의 라이벌 의식은 연구성과 경쟁은 물론 학생들의 자존심 싸움에서도 치열하다. 이를 단적으로 보여 주는 사건이 2000년대 중반부터 벌어졌다.

2005년 4월 칼텍 학생들은 MIT 신입생 예비 방문기간에 캠퍼스 본관에 새겨진 교명 Massachusetts Institute of Technology을 '또 하나의 공대 That Other Institute of Technology'라고 바꾸는 장난을 쳤다. 이는 칼텍이 최고이며, MIT는 그 뒤를 잇는다는 뜻을 나타낸 것이다.

칼텍 학생들은 MIT 신입생들에게 '칼텍에 들어올 수 없기 때문에 가는 대학'이라는 티셔츠를 뿌리기도 했다. MIT 캠퍼스 본관에 칼텍을 상징하는 야자나무 형태의 설치물을 가져다 놓거나, 오렌지색 풍선에 헬륨을 넣어서 로비에 띄우기도 했다. 이에 자극받은 MIT 학생들은 '오직 하나의 공대 The Only Institute of Technology'라는 문구로 칼텍의 도발에 응수했다.

다음해 3월에는 MIT 진영의 보복이 이어졌다. MIT 학생들은 이

삿짐센터 직원으로 위장해 칼텍 캠퍼스에 침입했다. 이들은 위조 서류로 교내 보안망을 뚫은 다음, 칼텍의 중요 행사에 쓰이는 130년 역사의 1.7톤 무게의 대포를 MIT 캠퍼스로 훔쳐 왔다. MIT 학생들은 어떻게 경비원을 속였는지를 대포 앞에 써 붙였고, MIT 여학생들은 단체로 비키니를 입고 대포에 올라가 사진을 찍는 퍼포먼스를 보였다.

칼텍 학생들은 학교의 소중한 대포를 찾기 위해 미국 건너편에 있는 MIT 캠퍼스를 방문했다. MIT 학생들은 칼텍의 금지곡인 바그너의 발키리의 비행을 틀고 비아냥거렸다. 칼텍 학생들은 MIT 캠퍼스의 대포가 놓였던 자리에 장난감 대포를 가져다 놓은 다음

칼텍의 상징 'Fleming Cannon'. 매년 학기의 시작과 끝을 알리기 위해 발포된다.

'너희들 수준에 어울리는 물건을 놓고 간다'라는 메모를 남기기도 했다. 이렇듯 두 학교의 학생들은 장난에서도 결코 지지 않으려는 승부욕을 보였다.

🏫 공부는 일등이지만 스포츠는 '꼴찌'

칼텍은 입학 성적이나 연구성과에서는 미국을 넘어 세계적으로 정상을 유지하고 있지만, 유독 스포츠 세계에서 만큼은 기대 이하의 초라한 성적을 내고 있다. 심지어 영원한 꼴찌팀이라는 별명도 가지고 있을 정도다. 일례로 남자 농구팀은 1996년부터 2007년까지 전미대학체육협회 후기리그 NCAA 디비전 III 에서 무려 207연패라는 수모를 당했다.

《ESPN》 … "칼텍은 남자 농구에서 207연패를 달성했다. 아인슈타인이 강의를 했었고, 수많은 노벨상 수상자가 나온 학교지만 운동 장학금이 없어 고교에서 우수선수를 유치할 수 없다."

다른 대학 스포츠 선수들은 장학금을 받고 운동 특기로 입학해 대학 생활의 상당 부분을 스포츠 활동에 할애한다. 하지만 칼텍 캠퍼스의 공부벌레들에게는 이런 여유조차 사치다. 선수들의 연습

시간이 부족한 것도 경기력 향상에 장애로 꼽힌다.

야구팀도 상황은 마찬가지다. 칼텍의 야구팀인 칼텍 비버스는 2003년부터 2013년까지 무려 228연패를 당했다. 야구팀은 NCAA 에서 최약체만 모이는 디비전 III 서부지구에 속해 있었는데 228 연패에서 벗어났을 당시, 학교 홈페이지에는 야구팀의 승리를 톱 뉴스로 알렸을 정도다.

여자 야구팀 역시 50연패라는 창피한 성적을 냈다. 보다 못한 2005년 노벨화학상 수상자인 로버트 그룹스 교수는 안타까운 마음에 여자 야구팀의 코치를 직접 맡아 선수들을 지원하기도 했다.

일부 언론들은 칼텍에서 노벨상을 타는 것보다 더 듣기 어려운 소식이 스포츠팀의 승리라는 분석도 내놓았다.

🏠 반도체·우주개발 역사에 큰 획 그어

칼텍 동문들은 과학·공학계뿐 아니라 산업계에도 지대한 영향을 미치고 있다. 칼텍 졸업생들이 설립했거나 공동 창업한 기업으로는 LCD 제조사 배리트로닉스Varitronix, 핫메일Hotmail, 컴팩Compaq, 태크니컬 컴퓨팅 소프트웨어 기업 매스웍스MathWorks, 인텔Intel, 항공우주기기·자동차부품 제조업체 TRW 등을 꼽을 수 있다. 반도체 역사에서 빼놓을 수 없는 반도체 회사 페어차일드fairchild 역시 칼텍 동문의 손을 거쳤다. 페어차일드를 떠나 훗날 인텔을 설립한 고든 무어도 칼텍에서 박사학위를 받았다.

칼텍 출신 저명인사 중에는 무스타파 아부샤구르 리비아 부총리, 제임스 플레처 미 항공우주국NASA 국장, 레지나 듀간 미 방위고등연구계획국DARPA 디렉터, 프랑스 코르도바 미 국가과학재단VFS 디렉터 등이 있다. 중국 우주개발 역사에서 빠질 수 없는 인물도 칼텍 캠퍼스를 거쳐갔다.

1955년 칼텍의 로켓 전문가 첸쉐썬 교수는 중국 국비유학생으로 칼텍에서 박사학위를 땄고 제2차 세계대전 당시 미국 정부 내 국방과학기술자문위 로켓 부문장을 맡을 정도로 실력이 뛰어난 과학자였다. 하지만 1950년 미국을 강타한 매카시 선풍미 상원의원 매카시가 주동한 공산주의자 숙청 바람의 피해를 입어 미 FBI 연방수사국로부터 공산주의자라는 혐의로 조사를 받고 가택연금까지 당하는 수모를 겪었다. 이후 첸 박사는 고국으로 돌아가기로 결정했고 미국에서 쌓았던 경험과 지식을 중국에서 뽐냈다.

중국은 그의 도움으로 미사일, 로켓, 인공위성 개발에 앞장섰다. 오늘날 연간 15억 달러를 쏟아부어 40만 명이 넘는 과학 기술자를 활용해 우주기술 개발에 공을 들이고 있다. 여기에는 첸 박사처럼 우주항공 선진국인 미국에서 공부하고 경험을 쌓았던 인재들이 큰 기여를 했다는 평가가 나온다.

🏫 1만 6,000명이 14억 달러 기부

한편, 칼텍이 동문 수가 적다고 해서 모교 사랑이 떨어지는 것은 결코 아니다. 2008년부터 6년간 진행된 대대적인 기부금 모금 활동은 칼텍 동문의 모교 사랑을 증명한다. 총 1만 6,000여 명이 참여한 모금 활동을 통해 무려 14억 2,250만 달러의 기금이 조성됐다. 기금의 상당수는 연구활동에 지원됐으며, 건물과 연구시설 마련에도 쓰였다.

칼텍은 2015년 3월 동문인 로널드 린데, 맥신 린데 부부가 5,000만 달러를 기부했다고 밝혔다. 이들은 이전에도 환경과학과 경제학, 경영학 프로젝트를 위해 3,000만 달러를 기부한 바 있다.

로널드 린데 … "미래는 알 수 없고 과학은 미지의 세계를 개척하는 것이다. 미래를 여는데 이 기부금이 쓰이길 바란다."

지금까지 칼텍에 가장 많은 기부를 한 인물은 인텔의 공동 창업자인 고든 무어와 그의 아내 베티 무어다. 이들 부부는 6억 달러를 칼텍에 기부했다. 무어는 세계 반도체 산업의 역사를 이끈 유명한 '무어의 법칙반도체 집적도가 2년에 2배씩 증가함'의 창시자다. 중국 청년 갑부로 꼽히는 성다네트워크의 천톈차오 총재 부부는 2016년 말 뇌기능 연구에 써 달라며 1억 1,500만 달러를 칼텍에 쾌척했다.

인_터_뷰

주혁 칼텍 전자공학과 교수

Q. 칼텍은 MIT, 스탠퍼드대, UC버클리와 비교해 학생수나 학교 규모가 작지만 세계 대학 순위는 정상권이다. 비결이 무엇인가?

주혁 … "소수 정예의 우수한 교수진과 학생들이 뛰어난 연구결과를 만들고, 이런 결과를 보고 최고의 교수와 학생들이 찾아온다. 정상Top 궤도에 오르면 관성에 의해 계속 유지하는 것은 쉬워진다. 이것이 오늘날 칼텍을 지탱하는 비결이다."

Q. 미국 내 다른 명문대와 다른 점이 있다면 무엇인가?

주혁 … "칼텍에서 '연구'보다 더 중요한 것은 없다. 규모가 크지 않기 때문에 교수진이 연구에만 집중할 수 있도록 학교 측이 전폭적으로 지원한다. 예를 들어 연구지원서를 작성할 때도 교수는 오로지 연구와 관련된 부분만 기술하면 된다. 예산이나 다른 내용은 담당직원들이 채워 준다."

Q. 칼텍은 많은 노벨상 수상자를 배출했다. 이는 우수 교수진이 많다는 의미인데, 어떻게 하면 실력 있는 교수와 학생을 유치할 수 있는가?

주혁 ⋯ "전공에 따라 다르지만 일반적으로 교수들이 담당하는 수업도 1년에 1~2과목 수준이다. 연구 기금은 연구결과가 좋을 때 많이 받을 수 있는데, 칼텍의 교수 1인당 1년 평균 연구비는 100만 달러가 넘는다. 대학원 연구 퀄리티의 50%는 교수로부터, 나머지 50%는 학생으로부터 나온다. 오로지 연구에만 집중할 수 있는 학교의 특성 때문에 다른 학교의 뛰어난 교수들도 칼텍에 와서 연구하기를 희망한다."

Q. 칼텍만의 문화는 무엇인가? 대학원에 진학하는 학생도 많은가?

주혁 ⋯ "'소수를 잘 육성한다'는 신념으로 교수나 학생을 대하는 것이 칼텍의 문화다. 학부생의 90%가 여름방학 기간에 교내 연구기관 등에서 월급을 받으며 인턴으로 연구하고, 학부생 대다수가 대학원에 진학해 심층적인 학문의 탐구를 계속 이어 나간다. 여름방학 동안 인턴 프로그램에 참가했던 학생들은 자신의 과제를 심사위원인 선배들에게 소개하고 그 결과를 심사받는다."

Q. 소수정예가 가족적인 분위기를 연출하는데 도움이 될 것 같은데 어떠한 가?

주혁 ⋯ "형식보다는 유연하고 구성원을 배려하는 것이 특징이다. 예를 들어 다른 전공의 교수 3명이 모여 연구에 대해 토론하다가 '이 방향이 앞으로 나아갈 길이다'라고 의견을 모으면 학교 측의 승인을 받고 새로운 학과를 만들 수 있다. 학교 규모가 크지 않다 보니 연구 협력도 쉽게 이뤄진다. 칼텍만이 갖고 있는 고유한 연구 문화와 환경이 있는데, 이를 지키기 위해 원로 교수들이 노력한다. 칼텍에서는 한 분야에 1명 이상의 교수를 배정하지 않는 것을 원칙으로 삼는다. 교내에서 불필요한 경쟁이 생기는 것을 예방하기 위한 차원이다."

Q. 교수 선발의 기준은 무엇인가? 학생들은 어떻게 선발하는지 궁금하다.

주혁 ⋯ "칼텍은 이미 유명세를 탄 교수를 받아들이는 것을 좋아하지 않는다. 학교의 가치관을 모르거나 자신의 연구 방식을 고수하려고 하기 때문이다. 그래서 젊은 교수를 선발해 20~30년에 걸쳐 세계적 석학으로 성장하기를 원하며, 문화를 이해하고 보존하기 위해 노력할 사람을 찾는다. 나는 칼텍 교수가 되기 위해 6개월 동안 방문인터뷰를 3번이나 했다. 학부 입학 심사에서도 이공계 대학답게 과학과 수학, 공학에 대한 관심을 비중 있게 평가한다."

종류 **공립 공과대학**
설립 **1855년**
위치 **스위스 취리히**
학생수 학부 **8,934명** 대학원 **9,846명**(2016년)

아인슈타인의 후배,
유럽 최고의 명성을 지키다
취리히연방공대

노벨 물리학상을 수상한 물리학자 알
베르트 아인슈타인도 재수 끝에 입
학한 취리히 연방공대 Swiss Federal
Institute of Technology Zurich. 천재 물리학자도 단번에 입학하기 어려운 시험 제도를
갖고 있고, 방학 기간에도 시험을 치르는 이곳은 유럽 최고의 이공계 대학으로 손꼽힌
다. 평가는 엄격하지만 연구성과가 뛰어난 사람이라면 자신의 실력을 마음껏 펼칠 수
있는 대학이기도 하다. 지난 1855년 설립돼 21명의 노벨상 수상자를 배출한 유럽 이공
계 대학의 자존심, 취리히연방공대는 어떤 곳일까?

취리히연방공대 캠퍼스를 위에서 내려다보면 유럽을 대표하는 이공계 대학답게 역사와
전통이 느껴진다.

🔔 인류의 꿈이 현실로 바뀌는 곳

취리히연방공대Swiss Federal Institute of Technology Zurich는 20세기 최고의 과학자 알베르트 아인슈타인의 모교로 유명하다. 컴퓨터의 구조를 설계한 천재 수학자 존 폰 노이만도 아인슈타인과 동문이다. 이러한 취리히연방공대는 1855년에 설립돼 21명 학생·교수 포함의 노벨상 수상자를 배출한 유럽 최고의 이공계 대학이다.

아인슈타인은 1895년, 그의 나이 16세에 취리히연방공대 입학 시험을 치렀지만 낙방했다. 수학에 천부적인 재능이 있었지만 학과 성적이 좋지 못한 것이 원인이었다. 다행히도 아인슈타인은 재수 끝에 취리히연방공대 물리학과에 입학했다. 학교를 졸업한 그는 2년간 일자리를 구하지 못해 전전긍긍하다 베른에 있는 연방특허청에서 근무하게 됐다. 그리고 이곳에서 광전자 효과, 특수상대성과 같은 4개의 논문을 잇따라 발표해 학계의 주목을 받았다. 이후에 아인슈타인은 물리학 박사를 받은 취리히연방공대에서 전기역학과 상대성이론을 가르쳤다.

취리히연방공대 학생들은 세계 유수 이공계 대학답게 강도 높은 시험 스트레스에 시달린다. 특히 일반적인 대학의 경우 중간고사와 기말고사 기간이 정해져 있지만 취리히연방공대는 방학 기간에도 시험을 치른다. 학생들은 방학 때도 마음 놓고 쉴 수 없는 불쌍한 신세이나, 노력만으로 순순히 졸업을 시켜 주는 것은 결코

취리히연방공대 재학 시절에 찍은 젊은 물리학자 알베르트 아인슈타인. 이 사진을 찍고 5년이 지난 1905년에 그는 유명한 상대성 이론을 발표했다.

미국 뉴저지 프린스턴에 있는 아인슈타인의 연구실. 아인슈타인은 이곳에서 1955년에 숨을 거둘 때까지 연구를 계속해 나갔다.

아니다.

학부생 중 제때 졸업하는 학생은 졸업 대상자의 4분의 1 수준인 1,000명 안팎에 불과하다. 졸업시험에서 낙방하는 숫자가 그만큼 많다는 의미다. 학생들에게 재시험은 한 차례만 주어지며 중도 탈락자나 포기자도 속출한다.

시험이 혹독하지만 취리히연방공대는 10편의 평범한 논문보다는 1편의 우수 논문을 선호한다. 학교는 시간이 걸리더라도 연구자가 진정으로 원하는 성과, 학계에 파급력이 높은 결과물을 원한다. 연구성과가 나올 때까지 시간이 오래 걸리는 기초과학의 경우 학교의 이런 기다림과 배려가 학문적 토양이 되어 주고 이를 통해 인류의 꿈은 현실로 바뀐다.

취리히연방공대는 교수와 학생의 수평적인 문화를 강조한다. 교수진은 학생들에게 '언제든지 교수와 싸우라'고 말한다. 학생이 교수에게 종속되고 복종하면 학문적 발전이 없다는 이야기다. 학생들은 교수와 대등한 관계에서 끊임없이 논쟁을 거듭한다. 학생은 교수와 토론하기 위해 학문적 지식을 쌓고, 교수는 학생의 질문을 통해 새로운 아이디어를 구한다.

🏫 교수와 학생을 위한 최고의 지원

취리히연방공대는 평가는 엄격하지만 교수와 학생 지원은 최고를 지향한다. 취리히연방공대 정교수의 연봉은 미국의 톱 클래스 대학과 비교해도 뒤지지 않는다. 교직원 중에는 석·박사급 인재도 많다.

취리히연방공대의 강점 중 하나는 등록금이다. 국내는 물론 외국에서 온 학부·대학원생 모두 한 학기에 600스위스프랑약 73만 원 정도만 내면 된다. 장학금을 받지 못해 학비 부담으로 고민하는 학생에게는 이만한 학교가 없다. 특히 스위스 출신이든 해외 유학생이든 차별하지 않고 장학금을 수여한다. 장학금 지급시 고려 기준은 재능과 열정, 학업성적이다.

또 학생들이 실험에 필요한 장비를 사용할 경우 전문 기술자가 배정된다. 학생들이 장비 사용법을 익히기 위해 시간을 낭비하지 않고, 연구에만 집중할 수 있게 하기 위해서다. 불필요한 업무를 대신해 주기에 학생들이 학위를 취득하기까지 걸리는 시간은 다른 유럽 대학에 비해 짧다.

김성민 취리히연방공대 기계 및 프로세스 공학부 박사과정 … "낮은 학비로도 높은 수준의 수업을 받는다는 게 학생으로서는 최고의 혜택이다."

취리히연방공대 교수는 자신이 이끄는 연구소의 연구원과 박사과정 학생들을 직접 선발한다. 또 학교에서 지급하는 기본 연구비를 실험실에 배분한다. 교수의 역할은 쉽게 말해 실험실을 운영하는 CEO와 비슷하다. 하지만 기업의 CEO와 다른 점은 실적을 내야 한다는 부담감이 덜하다는 사실이다. 교수는 논문 제출 실적을 위해 애쓰거나, 기업에서 연구비를 따와야 하는 스트레스도 없다. 강의나 연구성과에 대한 책임도 덜한 편이다.

취리히연방공대는 일류 공대답게 우수 교수 영입을 위해서 엄청난 노력을 기울인다. 한 예로 미국 시애틀에서 연구팀을 운영하던 시스템 바이올로지 분야 최고 권위자인 루디 에버솔드 교수를 데려오기 위해 3년간 공을 들였다. 이후 루디 에버솔드 교수를 비롯한 연구진을 취리히연방공대에 정착시키고 연구소를 설립하는 데 들어간 돈이 무려 1억 8,000만 달러에 달했다.

학생과 교수에 대해 최고로 지원하는 만큼, 취리히연방공대는 창업에 아주 강한 학교다. 특허·기술·제품화를 적극 지원한다. 이론에 그치는 학문이 아니라 사업화에도 신경을 쓰는 점을 알 수 있다.

학교는 1996년부터 2014년 사이에만 305개 스핀오프 기업을 탄생시켰다. 특히, 2010년 이후 110개 스핀오프 기업이 나타나는 등 학내 창업 열기가 뜨겁다. 2014년 한 해에만 22개의 스핀오프 기업이 탄생했고 82개 특허가 등록됐다. 총 298건의 계약이 이뤄

취리히연방공대 학생들은 1학년 때부터 시험에 대한 스트레스가 높아 학구열을 불태운다.

졌는데, 이는 금액으로 5만 스위스프랑이 넘는다. 초기 스핀오프 기업들은 바이오 분야가 많았는데, 2010년 이후에는 기계, 정보통신기술ICT, 나노, 센서 등으로 분야도 다양해졌다.

취리히연방공대 스핀오프 기업의 생존률은 88% 수준으로 미국 MIT 80%, 영국 옥스퍼드대81%와 비교해도 뒤지지 않는다. 그만큼 기술력과 경쟁력 있는 인재들이 창업에 뛰어든다는 의미로 해석된다. 학교 차원에서도 1년에 한 번씩 학생 대상 창업경진대회를 개최해 수상작을 지원한다.

🏠 알프스에서 '사이보그'의 미래를 꿈꾸다

2016년 10월 취리히 근교 클로텐의 스위스 아레나에서는 제1회 사이배슬론Cybathlon 대회가 열렸다. 사이배슬론은 로봇공학 기술을 이용한 기계장치의 도움으로 장애인 스포츠 선수가 컴퓨터 자동차 게임, 전기 자극을 이용한 자전거 경주, 전동 휠체어 경주, 로봇 의족 달리기, 로봇 의수 경주, 로봇 슈트 걷기 등 6가지 종목에 참여해 실력을 겨루는 대회다.

취리히연방공대 로베르트 리너 교수는 뇌와 기계 간 인터페이스 기술 발전과 홍보를 위해 이 대회를 창설했다. 첫 대회에서는 스위스가 2개 종목에서 1위를 차지했고, 미국과 독일, 네덜란드,

아이슬란드도 각각 1개 종목에서 1위에 올랐다. 스위스의 로봇·제어 기술은 세계적인 수준이다. 해마다 내놓는 연구결과는 로봇이 우리 일상 생활에서 더욱 폭넓게 활동할 수 있다는 가능성을 보여주고 있다.

취리히연방공대 연구진과 디즈니취리히연구소는 2015년 말 수직 벽을 바퀴와 프로펠러 힘으로 등반하는 로봇을 개발했다. '버티고Vertigo'라는 이름의 로봇은 별도의 접착물이나 등반 장치 없이 도시와 실내에서 지상과 벽 사이를 원활하게 움직이는 것이 목표다. 지상을 달리다가 벽에 오르며, 주행 중 벽을 만나도 멈추지 않고 그대로 바퀴로 벽을 달린다. 로봇에 장착된 프로펠러는 반대 방향으로 추진력을 형성한다. 벽 표면 성질과 상관 없이 동작하는 것도 특징이다. 미끄러운 유리나 거친 나무 벽을 오르는데도 문제가 없다. 지상과 벽은 적외선 센서가 구분한다. 공동 연구진은 탄소섬유 소재와 3D 프린터로 만든 부품으로 로봇 무게를 2Kg에 맞췄다. 길이는 60cm이며 내장 배터리로 약 10분간 전원을 공급한다.

취리히연방공대가 개발한 '스칼레보Scalevo'는 각종 센서를 탑재한 휠체어 로봇이다. 자율주행차처럼 주변 물체를 감지하고 차간 거리를 유지하는 기술을 적용해 측정값을 분석한 후 휠체어에 계단을 오르내리는 명령을 내린다. 여기서 정확한 알고리즘 설계는 동작의 정확도를 결정한다.

소형 수중 로봇 '스쿠보Scubo'도 취리히연방공대가 개발한 작

2016년 10월 8일에 스위스 취리히에서 처음 개최된 사이배슬론. 신체가 불편한 장애인들이 최첨단 보조 로봇을 이용해 역량을 겨루고 있다.

사이배슬론에서는 뇌-컴퓨터 인터페이스, 로봇 의수, 로봇 의족, 입는 로봇(엑소스켈레톤), 기능성 휠체어, 전기 자극 자전거 경주 등 총 6개 종목이 진행된다.

품이다. 스쿠보는 산호초를 복원하기 위해 사전 지식 없이 낯선 해역을 탐험할 수 있다. 전 방향으로 움직일 수 있고, 방향 전환도 자유롭다. 수중 장애물을 인지해 회피하는 기술도 장착했다. 스쿠보가 제공하는 5개의 유니버설 모듈 포트를 활용해 센서, 카메라, 조명 등을 연결할 수 있다. 스쿠보는 텔레프레전스 환경도 지원하므로 가상현실VR 안경을 착용하고 바다 속을 체험할 수 있다.

취리히연방공대 연구팀은 태양광 비행기로 세계 일주를 하는 꿈을 현실로 만들고 있다. 2015년 6월 무인 태양광 비행기를 81.5시간 동안 운행해 이 분야 세계 기록을 수립했다. 연구팀이 개발한 무게 7kg, 길이 5.6m의 '애틀란티크 솔라AtlantikSolar'라는 비행기는 종전 기록33시간을 두 배 이상 뛰어넘었다. 연구팀은 81.5시간의 비행 성공을 넘어 포르투갈 리스본에서 미국 보스턴까지 4,500km에 달하는 대서양 횡단도 추진한다는 계획이다.

🏠 이탈리아·프랑스·독일을 연결하는 지리적 강점

취리히는 스위스 제1의 도시로 도로와 철도가 만나는 곳이다. 도심에서 11km 북쪽에 떨어져 있는 클로텐은 스위스 최대의 공항이 있어 세계 각지와 연결돼 있다. 이러한 취리히는 중세 이탈리아·프랑스·독일을 연결하는 교통의 요지로 오래전부터 상업 중심지로 통했다. 취리히의 이러한 지역적인 강점도 오늘날 취리히 연방공대의 발전을 이끄는 원동력이 되었다.

대취리히 지역 투자진흥기관 ··· "취리히는 유럽 시장 진출의 전략적 요충지이며, 5억 명 소비자 시장에 접점을 제공하는 최상의 입지와 안정적 정치 환경, 기업 친화적 세금제도, 비즈니스 제반 시설을 갖추고 있다."

취리히는 세계적인 금융 도시로서 다국어를 구사하는 150만 명의 인재들이 생명과학, 친환경 기술, 정보통신, 금융서비스를 비롯해 15만 개 기업에서 일하고 있다. 구글, IBM, MS와 같은 글로벌 기업들이 유럽 본사나 연구개발 R&D 센터를 두고 있는 것도 지역적인 강점이다. 유럽의 핵연구 기관인 CERN, UN, 적십자, FIFA 본부 등도 가까운 곳에 있다. 인터넷의 발전에 기여한 월드와이드 웹 World Wide Web 도 CERN에서 나왔다.

스위스는 세계경제포럼의 글로벌 경쟁력 지수에서 6년 연속 1위를 차지했다. 세계 각국에서 이곳을 찾아오는 인재들도 즐비하다. 소셜 애플리케이션 크라우드 Crowd 의 창업자이자 취리히연방공대와 공동 연구를 진행하는 사이먼 하인즐은 《블룸버그》와의 인터뷰에서 이렇게 말했다.

취리히연방공대 학생들은 전 세계 120개국에서 유학을 왔다. 교수진의 외국인 비율도 높은 편이다.

사이몬 하인즐 크라우드 창업자 … "스위스는 소프트웨어 공학 분야에서 세계 리더이다. 취리히연방공대는 유럽 최고의 대학이며, 기업 입장에서 상당한 기회를 제공한다."

🏠 120개국에서 날아온 두뇌, 미래 도시·신물질에 심취

취리히연방공대는 1855년에 첫 강의를 시작했다. 초기에는 건축, 기계공학, 화학 등 6개 전공으로 출발했다가 수학, 자연과학, 문학, 사회과학 등이 추가됐다. 2014년 기준 학생수는 학부생 8,502명, 석사과정 5,159명, 박사과정 3,975명을 포함해 총 1만 8,616명이 재학 중이다. 학부와 석사, 박사 모두 여성 비율이 30% 정도이며, 박사과정의 경우 69%가 해외 유학생이다. 학부생 중에서 유학생 비율이 20%인 것을 감안하면 학위 수준이 높을수록 외국인 학생의 비율이 높다는 사실을 알 수 있다.

취리히연방공대 학생은 전 세계 120개국 출신이다. 학부생의 경우 독일어로 수학과 기초과학에 대한 지식을 쌓으며 주로 이론과 방법론적인 접근법을 배운다. 석사과정은 영어를 기반으로 하는데 주로 박사과정에 진학하기 전 준비학습을 하거나 산업계에서 필요한 지식을 배운다. 박사과정의 경우 독립적인 연구를 진행하며 연구 수준이 매우 높다고 정평이 나 있다.

취리히연방공대는 세계 정상급 인프라를 바탕으로 상식을 깨는 기초학문 연구부터 인류의 당면 과제들을 해결하기 위해 노력하고 있다. 대표적으로 기후변화, 세계식량 시스템, 미래 도시, 에너지, 헬스, 정보처리, 신물질 등이 관심 연구 영역이다.

취리히연방공대의 교수진은 490여 명으로 외국인 비중이 67%에 달한다. 교수 1인당 학생수 비율은 미국 정상급 대학과 비교해 다소 떨어진다. 특이한 점은 연구원이 8,100여 명에 달한다는 점이다. 이는 취리히연방공대가 단순히 대학의 기능을 넘어 독립적인 연구기관의 역할을 수행하고 있는 점을 말해 준다.

취리히연방공대 교수 중에 한국인은 드물지만 동료들에게 깊은 인상을 남긴 이들이 있다. 하태규 박사는 서울대를 졸업하고 독일에서 유학한 후 프랑크푸르트대에서 석·박사를 받았다. 미국 프린스턴대와 UC버클리를 거쳐, 1971년 취리히연방공대 강사로 인연을 맺었다. 그 후 1975년에는 취리히연방공대 내 한국인 1호 교수로 임용됐다. 하 교수의 연구 분야는 양자역학의 이론을 원자와 분자의 전자구조 및 분자분광학에 응용해 화합물의 구조와 반응을 설명한 물질합성에 대한 계산이었다.

취리히연방공대에 재직 중인 박형규 교수는 연구진과 함께 LG전자와의 산·학 연구로 성과를 냈다. 이들은 꿈의 신소재로 불리는 그래핀 멤브레인의 투과 특성을 밝혀 냈다. 수처리 장비와 공기청정기 등에 응용할 수 있는 기술로 세계적인 학술지 《사이언스》

취리히시 북서부에 조성 중인 제2캠퍼스 사이언스 시티는 최고 수준의 연구·실험 환경을 자랑한다.

에 2014년 소개됐다.

🏫 라이벌, 취리히연방공대와 로잔공대

취리히연방공대를 이야기할 때 빼놓을 수 없는 대학이 바로 같은 스위스 내에 있는 로잔공대다. 역사나 규모 면에서는 취리히연방공대가 로잔공대를 압도하지만, 로잔공대의 세계 대학 순위가 급상승하고 있는 것을 감안하면 두 대학의 경쟁은 분명 시너지 효과를 내고 있다.

취리히연방공대는 독일과 가까운 곳에 있어 학부 수업을 독일어로, 로잔공대는 프랑스와 가까운 곳에 있어 학부 수업을 불어로 진행한다. 대학원부터는 두 학교 모두 영어로 수업하지만 지역인재 영입을 위해 정책적으로 모국어 교육을 실시한다.

송석구 박사(취리히연방공대 박사후 연구원 출신) … "스위스에는 연방 정부의 지원을 받는 연방 공대가 두 군데 있다. 한 곳은 독일어권의 취리히에 있는 취리히연방공대이며 다른 한 곳은 로잔공대다. 두 곳 다 세계 최고 수준의 대학을 지향한다."

두 학교는 서로 경쟁 관계에 있지만 스위스는 정책적으로 중복 투자 대신 각자의 강점을 살리는 데 주안점을 둔다. 취리히연방공대가 에너지와 응용물리에 집중한다면 로잔공대는 마이크로와 뇌 분야에 주력하는 형태다. 협력 기업 역시 구분돼 있다. 취리히연방공대에 IBM과 디즈니가 있는 반면 로잔공대에는 시스코, 노키아, P&G 등이 연구개발센터를 설립해 운영하고 있다.

가수 루시드 폴(로잔공대 박사) ··· "취리히연방공대는 저력이 있는 '슈퍼 스타'다. 이에 비해 로잔공대는 엄청난 잠재력을 가진 '라이징 스타'이라 할 수 있다."

나아가 취리히연방공대는 오랜 역사 만큼이나 전통을 중요시한다. 1880년대부터 시작된 '폴리볼 Polyball'이라 불리는 행사는 매년 11월 마지막날에 열린다. 1만 명의 댄서가 캠퍼스 건물을 누빈다. 여학생들은 이브닝 드레스 차림으로 남학생들은 정장 차림으로 등장하는데, 일 년 중 취리히연방공대에서 가장 인상적인 밤 풍경을 볼 수 있다. 학생들은 오케스트라의 연주에 맞춰 댄스를 추며, 재즈부터 살사, 블루스까지 다양한 음악을 즐길 수 있다.

취리히연방공대에는 음악 연주회와 콘퍼런스도 많이 열리는데, 가장 유명한 것은 볼프강 폴리 강의다. 볼프강 폴리 강의는 전 취리히연방공대 교수이자 1945년 노벨물리학상 수상자인 볼프강 폴리의 이름을 따서 물리학, 수학, 생물학 관련 강의를 이어가는 것이다. 첫 볼프강 폴리 강의는 1962년에 시작됐으며 노벨상 수상자 등 다수의 저명한 연사들이 진행해 왔다. 이 강의는 영어로 진행되며, 일반인에게도 공개된다.

버나드 에거 서울대 컴퓨터공학부 교수
(취리히연방공대 컴퓨터과학 학사 및 석사)

Q. 취리히연방공대는 졸업이 어려운 학교다. 수업이나 시험 난이도는 어떠한가?

버나드 에거 ⋯ "한국에서 명문대에 입학한 학생들을 보면 고등학교 때의 학업 스트레스로 이미 지친 상태다. 상대적으로 학부 시절 학업에 대한 열의가 떨어질 수밖에 없다. 반면 스위스는 초등학교 에서 대학교로 이어지는 교육과정에서 상위 학교에 진학할 때마 다 학업 집중도가 높아진다.

스위스는 대학 입학시험이 없어 원하는 사람은 누구나 취리히연 방공대에 들어갈 수 있지만 졸업은 매우 어렵다. 1학년이 끝나면 1년 동안 배웠던 내용으로 3주 동안 시험basic examination을 본다. 학과에 따라 다르지만 합격률이 50% 수준이다. 2학년이 끝난 뒤 에도 1학년과 동일하게 집중 시험을 보고 탈락자가 발생한다. 결국 입학생의 3분의 1만 졸업할 수 있다.

1학년 때부터 열심히 하지 않으면 기본과정 이수도 쉽지 않다. 따라서 전공 성적이 우수하고 학업에 소질이 있는 학생만 졸업할 수 있다. 그러기에 기본과정을 이수한 학생의 수준은 높을 수밖에 없다.

Q. 스위스는 인구나 대학 숫자가 많지 않은 나라다. 어떻게 세계적인 대학을 육성했다고 생각하나?

버나드 에거 ··· "스위스는 인구 700만 명의 작은 나라지만 노벨상 수상자 수는 세계 어느 나라와 비교해도 월등히 높다. 자원이 없는 나라인 만큼 교육이 바로 서야 국가가 발전할 수 있다는 믿음이 강하다. 대학 숫자가 많지 않고, 국립대학이 취리히연방공대와 로잔공대 2곳 밖에 없는 것도 특징이다. 이는 국가의 대학 지원이 집중될 수 밖에 없는 요인으로 작용한다.

세계 일류공대로 발돋움하기 위해서는 다양성과 자본이 필요하다. 동일한 교육을 받고 연구를 하는 사람들보다 다른 생각을 가진 국적 불문의 인재들이 융합되면 더 큰 성과를 낼 수 있다."

Q. 취리히연방공대의 강점은 무엇인가?

버나드 에거 ··· "세계 정상급 연구진을 유치하려면 좋은 연구 환경은 필수다. 취리히연방공대 내에는 돈 걱정 없이 마음껏 연구를 할 수 있는 여건이 갖춰져 있다. 정교수의 경우 고정연구비가 지급되고 박사급 학생 4명의 인건비를 학교에서 지원해 준다. 교수들이 연구비 스트레스를 가질 필요가 없다. 교수 중 70%가 외국인이다.

또 취리히연방공대는 교수 처우나 학생 지원 시스템이 잘 갖춰져 있다. 1년 등록금이 150만 원 정도에 불과해 학생들의 학비 부담이 없다. 일류 공대는 결국 연구성과에서 성패가 갈린다. 해외에서 학부생보다는 우수한 석·박사과정 지원자를 유치하는 것이 논문과 특허 실적, 학교 평판을 높이는 데 도움이 된다."

Q. 취리히연방공대가 1996년부터 2014년까지 305개의 스핀오프 기업을 배출했다. 어떻게 이렇게 많은 창업이 이뤄지며 성공률도 높은지 궁금하다.

버나드 에거 ··· "스위스는 한국처럼 대기업이 많지 않고 특정 분야에서 세계적인 역량을 가진 중소기업이 많다. 창업을 독려하고 지원하는 시스템이 어느 나라보다 잘 돼 있다. 정부와 학교에서 좋은 사업 아이디어를 가진 학생에게 사무공간을 저렴하게 임대해 주고, 전문가의 지도를 받을 수 있게 연결해 준다. 창업이 성공하고 활성화되려면 실패해도 좋다는 문화가 우선해야 한다. 한국의 대학도 실패를 두려워하지 않는 정신을 학생들에게 교육해야 한다."

종류 **국립 종합대학**

설립 **1905년**

위치 **싱가포르 켄트리지**

교훈

Towards a Global Knowledge Enterprise

(세계적 지식기업을 향하여)

학생수 대학 **2만 7,972명** 대학원 **9,997명**(2013년)

아시아 선두에서
세계의 중심으로 도약
싱가포르국립대

싱가포르는 인구 550만 명의 작은 도시국가지만, 학생들의 수학·과학 실력은 OECD가 주관한 국제 경시대회에서 상위 5위권에 들 정도로 수준이 높다. 이런 싱가포르에서도 명문 중학교와 고등학교에 진학해야 합격할 수 있는 곳이 싱가포르국립대National University of Singapore·NUS다. 개방적인 문화와 영어 수업을 통해 캠퍼스 곳곳에서는 전 세계에서 날아온 다양한  인종의 교수와 학생을 볼 수 있다. 싱가포르국립대는 이제 아시아를 넘어 세계로 뻗어 나가고 있다. 글로벌 시민으로서의 소양 교육과 영국보다 저렴한 학비, 홍콩보다 수준 높은 교육을 무기로 말이다.

싱가포르국립대는 전 세계 다양한 인종의 학생들이 어우러져 다국적 캠퍼스로 불린다.

🏠 1·2학년부터 프로젝트 참여…문제 해결력 길러

싱가포르 남서부 켄트리지에 자리잡은 싱가포르국립대National University of Singapore·NUS 공대생들은 1~2학년 때부터 프로젝트에 참여해 전공 문제를 해결하는 태도를 기른다. 그들은 전공 기초과목을 배우는 데 상당한 시간을 할애하지만 자신이 배운 물리, 수학 등의 지식이 도대체 어디에 사용되는지, 자신이 장차 훌륭한 엔지니어나 연구자가 될 수 있는지를 확신하지 못한다. 매 학기 고난이도 시험 문제를 해결하기 위해 새벽 4~5시까지 도서관에서 밤을 지새우고, 도서관 자리를 맡기 위해 치열한 경쟁을 벌이면서도 말이다. 그만큼 싱가포르국립대의 학업 과정은 만만치 않다.

싱가포르국립대는 학생들이 창의성을 가진 글로벌 인재로 성장할 수 있도록 돕는다. 그 일환으로 세계적인 과학자를 초청해 특별 강연으로 과학과 공학 분야에 대한 관심과 흥미를 유발한다. 다양한 교환학생 프로그램은 새로운 도전 기회를 제공하고, 잠재력을 일깨워 연구에 대한 시야를 넓혀 준다.

학교 측은 공학 교육의 차별화를 위해 두 가지 커리큘럼을 만들었다. 글로벌 공학 프로그램Global Engineering programme은 파트너 해외대학에서 공부하고 연구할 수 있게 지원한다. 디자인 중심 커리큘럼Design-Centric Curriculum은 부품에서 시스템 수준까지 학생들이 배운 지식을 활용해 각자가 생각해 낸 아이디어로 플랫폼을 만든다. 이 플랫폼은 수소연료자동차와 같은, 학부생이 만들기 쉽지 않은 어려운 과제에도 적용된다.

탄 취 취엔 싱가포르국립대 총장 … "싱가포르국립대는 전략적인 파트너십과 프로그램 강화를 통해 연구 역량을 키우고 새로운 영역을 개척해 나가고 있다."

싱가포르국립대의 드넓은 캠퍼스 곳곳에서는 운동을 하는 학생을 만날 수 있다. 학생들은 축구, 육상, 소프트볼, 수영 등 다양한 스포츠 활동으로 스트레스를 해소하고 친목을 도모한다. 흥미로운 점은 이 학생들의 국적이 매우 다양하다는 점이다.

이는 글로벌화를 내세운 싱가포르국립대의 개방적인 문화가 토대가 되었다. 학교는 영어로 수업을 진행하며 유학생에게 최소 2년의 기숙사 생활을 보장해 줄 정도로 해외 학생 유치에 적극적이다. 또 외국 학생에게는 튜토리얼 교수가 수업 시간 외에 문제풀이 시간까지 배려해 준다. 이러한 정책이 아시아를 넘어 세계적인 수준의 인재를 양성하는 비결로 평가되고 있다.

《더 타임즈》 … "아시아의 명문대로 불리는 도쿄대, 베이징대와 달리 싱가포르국립대는 일찌감치 문호를 열고 해외 명문대학들과 손을 잡았다. 싱가포르국립대에서는 전 세계에서 날아온 다양한 인종의 교수와 학생을 볼 수 있다. 2008년 우리는 싱가포르국립대의 외국인 교수·학생 비율 부문에 만점을 부여했다."

🏫 수학·과학 실력 정상급…아이비리그 입학 가능한 수준

싱가포르는 인구 550만 명의 작은 도시국가지만 학생들의 수학·과학 실력은 정상급이다. OECD 경제협력개발기구가 주관한 국제경시대회에서 수학, 과학 분야에서 상위 5위 안에 이름을 올린 것만 봐도 그 위상을 알 수 있다. 그런 만큼 싱가포르국립대에 입학하는 학생들은 미국 아이비리그에 입학할 정도의 실력을 갖춘 수재들로 알려져 있다.

싱가포르 학생은 초등학교 때부터 입시를 치른다. 국립 초등학교 졸업 시험에 해당하는 'PSLE Primary School Leaving Examination'를 통해 중학교와 고등학교, 대학교의 진학이 결정된다. 이때 명문 중학교와 고등학교에 진학해야 국가 최고의 명문대인 싱가포르국립대에 입학할 수 있는 확률이 높아진다. 싱가포르의 국가 규모가 작기에 싱가포르국립대 학생의 상당수가 초·중·고교 동창이거나 동문으로 구성되며 이는 끈끈한 인적 네트워크를 의미한다.

국가 건립부터 내려오는 싱가포르의 '적자생존' 전통은 최고의

싱가포르국립대 캠퍼스 내 건물들은 비가 자주 오는 기후를 고려, 설계 단계부터 신경을 썼다.

대학에 입학하기 위해서는 최고의 자질을 갖춰야 한다는 사실을 실감하게 한다. 졸업 후에도 이 같은 원칙이 그대로 적용되는데 대학 성적이 연봉에 영향을 미치기 때문이다.

🏠 라이벌 홍콩 제치고 아시아 대학 정상 차지

싱가포르와 홍콩은 역사적으로 공통점이 많다. 영국의 지배를 받은 것은 물론, 영어로 의사소통이 수월한 점도 그렇다. 1997년 홍콩이 영국에서 중국으로 넘어가기 전까지만 해도 두 나라는 도시국가라는 지리적 특성을 바탕으로 문화적으로도 서로 비교되는 부분이 많았다. 이런 이유로 두 나라는 경쟁의식 또한 강했다.

대표적으로 두 나라는 교육 분야에서도 상대를 의식해 왔다. 해마다 발표되는 대학 순위 결과에 따라 아시아 정상 대학의 자리가 바뀌는데 영국 교육평가기관 QS의 아시아 대학 랭킹에 따르면 2009년 싱가포르국립대의 순위는 10위에 불과했다. 당시 1위는 홍콩대였으며, 홍콩과기대4위도 상위권을 기록했다.

하지만 불과 몇 년 사이에 싱가포르국립대는 약진을 거듭하며 2014년과 2015년 연달아 1위를 차지했다. 홍콩대의 순위는 한 계단 내려간 2위로, 홍콩과기대는 2011~2013년 사이 1위를 차지했다가 2015년에는 5위로 밀려났다.

싱가포르국립대의 경우 2000년대 중반 교육 중심에서 연구 중심으로 대학의 성격에 변화를 꾀하면서 세계 대학 순위에서도 상위권에 이름을 올리고 있다.

황본강 싱가포르국립대 건축학부 교수 … "과거에 비해 홍콩지역 대학들의 순위가 낮아지는 경향이 나타나고 있다. 이는 주목할 만한 일이나 홍콩의 국가 지원이 예전 같지 않은 데다 중국 본토로 편입된 후 홍콩의 입지가 달라진 점도 작용한다."

🏫 학생 절반이 이공계…해외대학과 활발한 교류

싱가포르국립대는 1905년 의과대학으로 첫 발을 내딛었다. 1913년, 학교에 기부금을 제공한 펀드의 이름을 따서 킹 에드워드 7세 의과대학으로 교명이 변경됐다. 이후 1928년에 싱가포르에는 예술과 사회과학을 활성화하기 위해 래플스대가 설립됐는데, 훗날 이 대학은 싱가포르국립대로 합쳐졌다. 1980년에 킹 에드워드 7세 의대와 래플스대, 말라야대, 난양대가 통합되었는데 이것이 오늘날의 싱가포르국립대다. 싱가포르국립대는 싱가포르 안에 3개의 캠퍼스를 두고 있다.

싱가포르국립대가 종합대학이지만 구성원을 살펴보면 이공계 비중이 높다는 사실을 알 수 있다. 2014년 2월 기준. 학부생 2만 5,838명 중 공학 전공자 6,036명, 과학 전공자 4,810명, 컴퓨팅 전공자도 1,453명. 학부생 중 유학생은 전체 학생 중 20% 미만이다. 하지만 대학원생은 유학생이 4,816명 으로 전체 학생의 60% 이상을 차지했다. 이는 싱가포르 출신의 경 우 학부 졸업 후 대학원 진학보다는 취업을 우선시하기 때문이다.

싱가포르국립대가 내세우는 장점 중 하나는 저렴한 학비. 공 대의 경우 학교에 내야 하는 학비가 3만 7,000싱가포르달러 수준 이지만 재정 지원을 받으면 1만 6,000싱가포르달러까지 내려간 다. 학생들은 졸업 후 싱가포르 내 기업이나 해외에 있는 싱가포 르 기업에서 3년 이상 근무해야 하지만 나쁜 조건은 아니다. 학생 들은 학비 부담 없이 공부할 수 있고 싱가포르 정부는 우수 인재를 유치한다는 명분이 있어 서로 '윈윈'할 수 있는 시스템을 운영하고 있다.

싱가포르국립대는 이론보다 실전형 인재 양성에 초점을 맞추 고 다양한 프로그램을 운영하고 있다. 대표적으로 IAP Industrial Attachment Programme와 NOC Nus Overseas College가 있다.

IAP는 한 학기를 기업 인턴으로 일하면서 학점을 이수하는 프 로그램으로 싱가포르 내에서 IAP에 협력하는 회사는 200개가 넘 는다. 롤스로이스, 유니레버와 같은 다국적 기업이 대표적인 사례 다. NOC는 해외 벤처기업에서 인턴생활을 하면서 해당 지역에 있는 대학에서 야간수업을 듣는 프로그램이다. 학생들은 미국 실리콘밸리·뉴욕, 스웨덴 스톡홀름, 중국 베이징·상하이 등 세계 여러 도시의 스타트업 기업에서 일할 수 있는 기회를 갖게 된다.

싱가포르국립대는 해외대학과의 공동 연구, 교육과정 수립에도 심혈을 쏟고 있다. 대표적으로 미국 예일대, 듀크대, MIT와 통합 교육과정을 설립했다. 예일대와는 예일-NUS 인문교양대학을 만들었고, 듀크대와 제휴해 의학대학원을 만들었다.

멀라이언 프로그램Merlion Programme으로 프랑스 대학·연구소와 함께 공동 연구와 워크숍 개최 등을 추진하고 있으며 최상위권 학생을 위해 고안된 글로벌 엔지니어링 프로그램을 통해 영국 캠브리지대에서 교환학생으로 공부할 수 있다.

🏠 학생·교수가 설립한 기업에 글로벌 자금 몰려

싱가포르국립대는 학생 창업을 장려하고 기업가정신을 중요시한다. 실제로 학생들은 재학기간 중에 과제로 수행한 연구를 기반으로 특허를 출원하고 기술 벤처기업도 설립할 수 있다. 학생들이 글로벌 기업으로부터 투자금을 유치하거나 인수합병M&A으로 회사를 매각하는 사례도 볼 수 있다.

2013년 11월 학내 벤처였던 카로셀Carousell은 일본 전자상거래 회사 라쿠텐으로부터 시드 머니 100만 싱가포르달러를 받았다. 카로셀은 C2C 소비자대소비자 모바일 마켓플레이스 애플리케이션으로 판매자들이 상품을 올리고 판매할 수 있는 장터를 제공한다. 2014년 2월에는 인공지능 스타트업 비센즈ViSenze가 이미지인식 기술을 기반으로 350만 달러의 시리즈 A 펀딩에 성공했다. 비센즈도 라쿠텐의 투자를 받은 회사다.

싱가포르국립대 출신 스타트업이 미국 실리콘밸리에 인수된 사례도 있다. 실시간 채팅과 모니터링을 지원하는 조픔Zopim은 미국 샌프란시스코에 있는 젠데스크Zendesk에 3,000만 달러를 받고 2014년 매각됐다. 시장조사기관 포레스터에 따르면 미국 성인 중 채팅 서비스 사용자가 2009년 38%에서 2014년 58%로 늘었는데, 젠데스크는 채팅 시장 공략을 위해 조픔을 사들였다. 조픔의 공동 창업자들은 2008년 싱가포르국립대 재학 시절 해외대학 프로그램Overseas College Program을 통해 미국 스탠퍼드대에서 같이 공부했다. 이들은 미국에서 꿈을 키웠고 자신의 아이디어와 기술 가치를 인정받을 수 있었다.

싱가포르국립대에서는 교수와 학생이 팀을 이뤄 창업에 나서는 것도 볼 수 있다. 싱가포르 특유의 실용주의가 묻어나 교수와 학생이 사제지간을 넘어 사업 파트너로 활동한다. 그 예로 리안용 교수가 이끄는 전자공학팀은 생물의학 센서 인터페이스 칩을 개발해 티셔츠 형태의 무선 심전도 모니터링 시스템을 상품화했다. 생명공학 전공 학생인 제프리 티옹은 척수 임플란트를 개발해 오소랩

싱가포르국립대는 외국인 교수와 유학생 유치는 물론 해외대학과의 공동 연구에도 역량을 투입하고 있다.

테크놀로지라는 회사를 창업했다.

🏠 싱가포르 국부부터 게임용 기기 창업자도 동문

2015년의 비 오는 어느 5월, 싱가포르 국민들은 깊은 슬픔에 잠 겼다. 싱가포르의 국부國父로 불리는 리콴유李光耀 전 총리와 이별 했기 때문이다. 91세의 나이로 세상을 떠난 리콴유는 30년 이상 통치해 싱가포르를 아시아의 부국이자 중심으로 만든 입지전적인 인물이다. 리 전 총리는 국가 통합과 이민자들의 문턱을 낮추기 위 해 영어를 공용어로 택했고 선진 교육시스템 정착을 위해 지원 을 아끼지 않았다.

리콴유의 장례식에는 빌 클린턴 전 미국 대통령, 아베 신조 일 본 총리, 조코 위도도 인도네시아 대통령 등 아시아·태평양 지역 지도자들이 대거 참석했다. 이들이 모인 곳은 다름 아닌 싱가포르 국립대 캠퍼스. 싱가포르국립대는 고 리콴유 전 총리가 꿈꾸던 다 국적 인재가 세계로 뻗어 나가는 인재 양성소의 역할을 하는 곳이 자 그의 모교이기도 하다.

리콴유 싱가포르 전 총리 … "싱가포르인이 컴퓨터의 하드디스크라 면, 외국의 재능 있는 인재는 싱가포르의 저장 능력을 메가바

리콴유 전 싱가포르 총리는 싱가
포르가 세계 수준의 금융과 물류
의 중심지로 탈바꿈하는 데 기여
했다.

이트로 늘려줄 것이다. ”

리콴유 전 총리 외에도 싱가포르국립대는 역대 싱가포르 총리
를 가장 많이 배출한 학교이며, 다수의 동남아시아 지도자들이 거
쳐간 곳이기도 하다.

미국 캘리포니아주 어바인시에 본사를 둔 레이저 Razer 는 전
세계 게이머들을 위한 전자기기와 소프트웨어를 만드는 기업
이다. 혁신적인 제품으로 유명한 레이저는 세계 최대 전자전시

회 CES · Consumer Electronics Show에서 4년 연속 '베스트 오브 CES'를 수상했다. 레이저는 2005년 3명의 공동창업자가 세운 회사인데, 이 중 민 리앙 탄이 싱가포르 출신으로 싱가포르국립대를 졸업했다. 그는 테슬라의 CEO인 엘론 머스크, 알리바바의 창업자 마윈과 함께 미국 주니퍼 리서치가 선정한 기술 분야 가장 영향력 있는 인물 10인에 이름을 올렸고 2011년 '아웃스탠딩 NUS 이노베이터 어워드'를 수상했다.

2016년 세계 최대 호텔 체인인 스타우드 호텔&리조트 월드와이드 인수 의사를 밝혀 화제를 모은 우샤오후이 중국 안방보험 회장도 싱가포르국립대 출신이다.

그는 싱가포르국립대를 졸업하고 고향인 중국 저장성으로 돌아가 공무원 생활을 시작했다. 하지만 직장인 생활에 만족하지 못하고 자동차 렌탈·매매로 사업에 발을 내딛었다. 최근 우샤오후이 회장은 뉴욕이 자랑하는 월도프 아스토리아 호텔, 벨기에 델타로이드은행, 네덜란드 보험사 비바트, 한국 동양생명 등을 잇따라 사들였다. 도박에 가까운 그의 도전은 세계적 금융·부동산 기업의 꿈을 실현시키는 과정이다.

이는 그의 경영철학인 노자의 『도덕경』 '상선약수 上善若水'에서도 짐작할 수 있다. 물은 형태가 없지만 홍수는 폭발성을 지닌 것처럼 어떤 사업 환경에서나 적응하고 바로 실행에 옮겨 성과를 추구한다는 뜻이다.

🏠 공학 분야 순위 상위권 차지

싱가포르국립대는 학생수뿐 아니라 이공계 연구 역량도 높다. 학생수가 석·박사과정을 포함해 공대만 8,000명에 달한다. 교수진과 연구인력 등을 합치면 1,000명에 달한다. 영국 교육평가기관 QS 기준으로 화학공학, 전기공학, 기계공학, 도시공학, 컴퓨터공학 등이 모두 10위권 안에 들었다. 싱가포르국립대는 2013년 총 8,066편의 논문을 국제 저널에 등재시켰다. 1,100건의 연구 프로젝트를 시작했고, 970건의 프로젝트를 마쳤다.

장욱 싱가포르국립대 생화학부 교수 ···"연구와 융합 학문에 중점을 두고 있는 학교 분위기뿐 아니라, 학생들의 창의성 향상과 여러 경험을 장려해 온 점이 다양한 전공에서 뛰어난 성과를 낼 수 있는 비결이다."

싱가포르국립대는 국제학술지《네이처》의 활동을 평가하는 '네이처출판지수Nature Publishing Index'에서 2012년 싱가포르 대학으로는 처음으로 100위권에 이름을 올렸다. 2013년에는 순위가 28계단이나 오르며 46위를 기록했다. 아시아태평양 연구기관 중에서도 6위에 해당하는 성과다.

292건의 연구협력 계약을 이끌었는데, 여기에는 37개 대학과

94개 기업, 89개 연구기관, 72개 정부기관이 참여한다. 싱가포르 국립대 연구진은 2013년에만 교육부와 국가연구 기금 등에서 5억 8,900만 달러의 연구자금을 유치했다.

탄 춰 취엔 싱가포르국립대 총장 ⋯ "네이처출판지수 순위 상승은 우리의 연구 품질과 영향력을 나타낸다."

싱가포르국립대의 급부상은 연구에 집중하는 분위기에서 비결을 찾을 수 있다. 교수들의 수업 부담이 적고 각종 행정 업무도 적은 편이라 연구에 할애하는 시간이 많다고 한다. 하지만 전폭적인 지원 대신 평가는 철저하다. 테뉴어_{교수 정년보장}를 받은 후에도 평가는 계속된다.

황본강 싱가포르국립대 건축학부 교수 ⋯ "싱가포르국립대에서는 테뉴어를 받는 것이 '물 위를 걷는다'는 표현처럼 어렵다. 학교 랭킹을 유지하기 위해 교수의 기준standard을 엄격하게 적용하는 것이 특징이다."

🏫 글로벌 기업 핵심 거점이자 외국인 연구의 천국

싱가포르국립대가 위치한 싱가포르 남서부 지역에는 바이오폴리스와 퓨저노폴리스를 비롯한 대규모 연구단지가 들어서 있다. 바이오폴리스는 공공·민간 분야 생명과학과 의학 연구활동이, 퓨저노폴리스는 자연·공학 분야의 연구활동이 활발하다. 이처럼 학교 주변에 대규모 연구단지가 있다는 것은 산학협력은 물론 융합연구를 추진하는데 유리하다.

그 예로 싱가포르에는 글로벌 기업의 아시아태평양 본부나 연구개발 센터가 많이 설립돼 있다. 글락소스미스클라인, 애보트 같은 제약회사들의 연구개발 센터가 있고 퀄컴, 도시바, GE 같은 회사들도 연구소를 세웠다.

싱가포르는 홍콩과 달리 제조업이 강한 나라다. 주롱섬에는 엑손모빌, 쉘Shell 등이 아시아 최대 화학석유단지를 구축했고, 투아스Tuas에는 노바티스, 제넨테크Genentech 같은 기업들이 구축한 의약품생산단지가 조성돼 있다.

싱가포르는 해외 학자들에게 연구 활동의 최적지로 꼽힌다. 영어를 국가 공용어로 사용하기 때문에 언어적인 장벽이 없고 정치·사회가 안정적이라 연구에만 전념할 수 있는 점도 매력적이다. 외국인을 적대시 하지 않는 열린 문화는 전 세계에서 연구자들이 몰리는 요인이기도 하다.

《뉴욕타임스》는 2014년 11월 미국 MIT 연구진의 싱가포르 내 연구활동을 조명했다. MIT의 다니엘 해스팅스 교수는 싱가포르에서 무인 골프 카트를 연구하고 있다. 그는 싱가포르-MIT 연구·기술 얼라이언스의 디렉터로 5개의 연구팀을 이끈다.

다니엘 해스팅스 MIT 교수 ······ "우리는 도시 문제를 해결하기 위한 5년간의 연구기금을 확보했다. 미국 매사추세츠는 무인자동차 테스트를 허용하지 않았지만, 싱가포르는 혁신을 위한 의지가 있다."

니콜라스 파트리칼라키스 MIT 교수 ··· "싱가포르 연구실의 장비는 최신식이다. MIT가 있는 보스턴에서는 있을 수 없는 일이다. 이는 놀라운 연구지원이다."

🏠 한 달 내내 계속되는 졸업식

일반적으로 대학 졸업식은 한날 한시에 모든 졸업생이 모여 치르지만 싱가포르국립대에서는 전공과 소속에 따라 졸업식 시기가 다르다. 7월 한 달 내내 이어지는 졸업식은 학교의 중요행사이자 학생들에게도 의미 깊은 의식이다. 한 번 하기도 힘든 졸업식을 여

싱가포르국립대 학생들이 노트북을 활용해 수업 내용을 확인하고 있다.

러 번 하는 전통은 싱가포르국립대만의 특색이다.

2015년의 경우 총 23번의 졸업식이 있었다. 7월 6일 오전 경영대학을 시작으로 7월 14일 오후 심리학 박사까지 밤낮을 가리지 않고 졸업식이 이어졌다. 같은 날 졸업식을 진행하는 학과는 UCC홀에 모여 주요행사를 치르고 나머지 행사는 오전, 오후, 저녁으로 나눠 진행된다. 이처럼 행사를 나눠서 치르는 이유는 단과대별로 손님들이 많이 찾아오기 때문이다. 싱가포르국립대는 유학생이 많은 학교지만 본국으로 돌아간 학생들도 다시 졸업식에 참석하기 위해 싱가포르로 날아온다고 한다.

학교 측이 제시하는 졸업식의 규칙도 엄격하다. 졸업생은 졸업식 카드가 있는 지정 좌석에 앉아야 하고 공식 행사가 시작되기 한 시간 전까지 행사장에 도착해야 한다. 드레스코드도 제한돼 있어서 청바지나 샌들, 과도한 하이힐은 금지된다. 이런 복장을 하고 졸업식장에 입장하는 경우도 없지만, 만약 복장에 품위가 떨어질 경우 졸업식에 못 들어갈 수도 있다. 남학생은 긴팔 셔츠와 타이, 구두를 착용하며, 여학생은 블라우스와 치마, 드레스 등 격식 있는 옷차림을 갖춰야 한다.

종류 **국립 종합대학**

설립 **1911년**

위치 **중국 베이징**

교훈 **自强不息 厚德載物**

(자강불식:스스로 힘을 쓰고 몸과 마음을 가다듬어 쉬지 아니함

후덕재물:덕을 두텁게 해 만물을 받아들인다)

학생수

학부 **1만 5,184명** 대학원 **1만 6,524명**

아시아의 MIT 꿈꾸는 다크호스

칭화대

2014년 10월, 중국 베이징시 칭화대학교 Tsinghua University 캠퍼스에는 SNS 페이스북의 창업자이자 CEO 마크 저커

버그가 등장했다. 그는 "칭화대는 교육과 연구의 중심이며, 이곳에서 탐구 중인 재능 있는 중국의 미래 지도자들에게 감명받았다. 페이스북이 언젠가 중국에서도 사용될 수 있도록 노력할 것"이라며 포부를 밝혔다. 저커버그가 중국어로 대화를 하고 깊은 관심을 보이는 곳, 중국을 대표하는 대학이자 중국 정부의 정책을 좌우하는 '싱크탱크'인 칭화대는 '아시아의 MIT'로 불린다.

중국의 지도자를 배출한 칭화대 정문은 단조롭지만 강인함이 느껴진다.

🏫 수업 궁금증 질문시간에 완벽히 해결

칭화대의 모토는 '자강불식 自强不息·스스로 힘을 쓰고 몸과 마음을 가다듬어 쉬지 아니함'과 '후덕재물 厚德載物·덕을 두텁게 해 만물을 받아들인다'이다. 이중 후덕재물은 시진핑 중국 국가주석의 부인 펑리위안 여사가 미국의 퍼스트레이디였던 미셸 오바마 여사에게 선물한 붓글씨 문구이기도 하다. 『주역』에 나오는 이 경구는 시진핑 주석의 신조로 알려져 있는데 칭화대 캠퍼스 곳곳에서 '자강불식 후덕재물'이라는 문구를 만날 수 있다. 시 주석의 모교가 바로 칭화대 화학공학 전공이기도 하다.

칭화대 커리큘럼은 모토와 관련이 많다. 학생들이 쉬지 않고 정진할 수 있게 돕는 프로그램이 많은데, 질의응답 시간이 대표적이다. 모든 수업에는 별도의 질의응답 시간이 마련돼 있다. 이는 교수가 강의를 마칠 때쯤 남는 시간에 질문을 받는 게 아니라 별도로 1~2시간 정도로 질문 시간을 배정해 놓은 것이다. 수업을 제대로 이해하지 못하는 학생들은 이 시간을 이용해 언제든 교수에게 일대일로 질문할 수 있다.

'시티커'라 불리는 문제풀이 수업도 있는데, 이공계 과목에서 주로 진행한다. 수업 중에 다 풀지 못한 문제에 따로 배정된 시간이다. 또 칭화대 학생들은 방학 때도 계절학기를 들어야 한다. 한국에서는 이수 학점이 모자라거나 재수강이 필요한 학생들이 주로 참

2015년 미중 정상회담에서 시진핑 주석 부부와 버락 오바마 대통령 부부가 만났다.

여하지만, 칭화대에서는 계절학기가 보충수업의 개념으로 진행된다.

칭화대의 특이한 점은 수업 중에 이뤄지는 사상교육 시간이다. 중국인 학생은 이 과목을 필수로 이수해야 한다. 중국이 1978년 개방정책을 시행하면서 시장경제체제로 돌아섰지만, 정치적으로는 여전히 사회주의 국가라는 점을 여실히 보여 주는 부분이다.

'사상도덕과 법률기초', '중국근현대사강요' 등이 대표적이며, 듣기에는 도덕이나 역사 수업 같지만 마오쩌둥을 찬양하고 미국 자본주의의 단점을 부각하는 내용이 많다. 특히 '정치경제학원리' 수업에서는 마르크스주의에 입각한 경제학을 배운다.

🏫 칭화대판 미디어랩 'X랩'

칭화대는 2013년 미국 MIT 미디어랩을 벤치마킹해 'X랩'을 만들었다. 제2의 샤오미, 알리바바를 꿈꾸는 미래의 기업가들이 활동하는 곳으로, 대기질의 오염지수를 손쉽게 측정하는 휴대용 장치, 손톱 모양을 본떠 네일아트에 활용하는 3D프린터, 아파트 평면을 입체적으로 보여 주는 3D 프린터 등이 개발됐다.

이외에도 X랩을 통해 1년 반 만에 400개 신생기업이 생겨났고, 30곳은 본격적인 제품 생산을 위한 투자유치에도 성공했다. X랩이 창업열풍을 일으키는 데는 칭화대 동문들의 지원과 사무공간을 무료로 사용할 수 있다는 장점이 크게 작용했다.

또 칭화대에서 5분 거리에 있는 '칭화사이언스파크'는 산학연 클러스터로 학생들의 창업을 적극 지원한다. 칭화대 졸업생이 창업을 하면 칭화사이언스파크에서 무료로 사무실을 임대할 수 있고 기업이 어느 정도 성장하면 학교가 일정 지분을 갖는 방식이다.

중국의 실리콘밸리로 불리는 중관춘과 가까워 지리적인 장점도 있다.

《허핑턴포스트》 … "과거 중국에서 베이징대에 입학하는 것이 엘리트로 가는 지름길이었다면 지금은 과학과 기술을 강조하는 세계적 교육 프로그램을 가진 칭화대가 각광을 받고 있다."

2014년 10월 22일, 칭화대 캠퍼스에 31세 청년사업가인 마크 저커버그가 등장했다. 미국 하버드대 중퇴생인 그는 세계 최대 SNS 페이스북의 창업자이자 CEO다. 저커버그는 칭화대 학생들과 질의응답 시간을 가지며 페이스북의 초창기와 혁신부터 다양한 이슈에 대해 토론했다.

흥미로운 점은 저커버그가 영어가 아닌 유창한 중국어 실력을 뽐냈다는 것이다. 중국계 여성과 결혼한 저커버그는 2010년부터 중국어 공부를 해왔다. 그는 칭화대 학생들 앞에서 "我的中文很糟很 내 중국어는 아주 형편없다"고 말했지만 청중이 이해하는 데 전혀 문제가 없었으며 때때로 농담까지 던지는 여유를 보였다.

저커버그는 "我喜很挑很 나는 도전을 좋아한다"면서 페이스북이 언젠가 중국에서도 사용될 수 있도록 노력할 것이라는 의지를 보였다. 그 노력의 일환으로 중국과 가까워지기 위해 칭화대 경제관리학원 자문위원회에 합류했다.

칭화대 경제관리학원 자문위원으로 위촉된 마크 저커버그 페이스북 CEO는 2014년 10월, 직접 칭화대를 찾아 학생들과 대화를 나누고 포부를 밝혔다.

마크 저커버그 페이스북 CEO … "칭화대는 교육과 연구의 중심이며, 이곳의 재능 있는 중국의 미래 지도자들에게 감명받았다."

과학기술강국, 천인계획에서 만인계획으로

영국 일간지 《더 타임스》의 평가결과를 보면 칭화대의 강점과 단점이 극명하게 나타난다. 우선 지식이전 수입Industry Income에서 는 99.7점을 받아 100점을 받은 미국 존스홉킨대, 미국 듀크대 등 과 어깨를 나란히 했지만 국제화International Outlook에서는 44.6점에 그쳤다. 논문피인용Citations도 65점에 불과해, 90점 이상을 받은 세계 정상급 이공계 대학인 미국 칼텍, 스탠퍼드대, MIT와 격차를 보였다. 교육여건Teaching과 연구Research도 60점대로 개선이 필요한 상황이다.

《이코노미스트》 … "덩샤오핑의 개혁·개방 정책으로 많은 중국 학생들이 해외로 유학을 떠났다. 하지만 이들 상당수가 모국으로 돌아오지 않았다."

칭화대 역시 이런 상황을 인지하고 해외 우수 교수진을 영입하고 유학생 유치에 적극적으로 나서고 있다. 이 일환으로 중국 정부는 2008년 '천인千人계획'을 세웠다.

천인계획은 중국 정부가 과학기술 등의 분야에서 국가적 인재 1,000명을 육성하기 위해 중국계 해외 석학을 영입하는 프로그램이다. 천인계획으로 영입된 석학에는 100만 위안의 정착 지원금과 정부, 산업계에서 연구 펀드를 딸 수 있는 기회가 주어진다.

천인계획으로 칭화대 생명과학과에 영입된 스이궁 교수는 칭화대에서 학사학위를 받은 다음, 미국 유학을 떠나 존스홉킨스대에서 생물물리학 박사학위를 받았다. 이후 미국 명문 프린스턴대에서 분자생물학 전공 교수로 근무했다. 스 교수가 칭화대로 돌아간 2008년의 경우 1년에 10만 위안을 받았지만 지금은 급여가 1년에

30~50만 위안으로 늘었다고《이코노미스트》는 전했다.

중국 정부는 천인계획 시행 이후 4년여 만에 4,000명의 과학자들이 모국에 모여들자 2012년 '만인萬人계획'으로 바꿔, 10년 동안 해외 고급 인재와 중국 내 인재 1만 명을 키우겠다는 전략을 세웠다.

시진핑 중국 국가주석 ⋯ "2049년에는 중국을 미국과 어깨를 나란히 하는 과학기술 강국으로 만들겠다."

이우근 칭화대 교수 ⋯ "현재 중국 정부의 장기적인 연구 지원과 IT 수요 창출, R&D 여건 조성, 중국 해외 유학파 인력 유치로 칭화대의 대학 순위가 꾸준히 상승 중이다. 향후에도 계속 순위가 올라갈 것으로 보인다."

한편, 칭화대는 해외 명문대학과의 교류를 확대하면서 다양한 시도를 하고 있다. 2012년 6월에는 컴퓨터과학 분야에서 전미 톱클래스인 카네기멜론대와 듀얼 석사 프로그램을 만들었다. 이 프로그램에 참여하는 학생은 각 대학에서 최소 1년씩을 보내며 코스 이수를 마쳐야 하고, 칭화대의 논문심사도 통과해야 한다.

자넷트 윙 카네기멜론대 컴퓨터과학과 학과장 ⋯ "카네기멜론대는 중국

칭화대는 해외 명문대학과 교류를 확대하고 있다. 2016년 8월에는 미국 카네기멜론대 컴퓨터과
학부와 공동 석사 학위 프로그램 제도를 운영하기로 했다.

대학과 교수·학생을 교류하는 것을 환영한다. 칭화대는 중국에서 과학·공학 분야에서 최고의 학교다."

칭화대는 MS로부터 4,000만 달러의 투자를 받아 미국 워싱턴대와 손잡고 2016년 가을학기부터 기술·디자인 혁신 프로그램도 시작했다. 석사과정 프로그램인 중·미 협력 과정은 2025년까지 입학생을 3,000명 이상으로 확대한다는 계획이다.

마리 카우스 워싱턴대 총장 직무대리 … "워싱턴대는 칭화대와 수년간 폭넓은 관계를 가져 왔으며, 이번 프로그램이 새로운 수준의 협력으로 이어질 것이다."

미국 유학 예비학교로 출발

칭화대는 1911년에 설립돼 100년이 넘는 역사를 자랑한다. 오늘날 중국을 대표하는 대학이지만 설립과정에는 미국이 있었다. 미국 등 8개국 연합군은 1900년 중국에서 일어난 외세 배격의 의화단義和團 운동을 무력으로 물리치고 청淸으로부터 4억 5,000만 냥의 배상금을 받기로 합의했다. 이른바 경자庚子배상금이다.

미국은 청나라 학생의 미국유학 기금에 배상금을 활용하기로

했다. 이렇게 해서 세워진 미국유학을 위한 예비학교가 바로 칭화대의 전신 칭화학당으로, 1928년에 중화민국 국민정부에 의해 국립대로 변경됐다.

제2차 세계대전 중이던 1937년 9월, 중화민국 국민정부는 베이징이 일본군에 함락된 데 따른 대응책으로 칭화대, 베이징대, 난카이대를 모아 후난성 창사에 전시 임시대학을 구성했다. 이후 중일 전쟁에서 승리한 뒤 전시 임시대학은 해산되고 세 대학은 복교했다.

중국 국민당과 공산당의 국공 내전에서 국민정부가 패하면서 1949년 칭화대 교수들이 대만으로 옮겨 가 오늘날 대만의 국립 칭화대학을 세웠다. 칭화대는 중국의 개혁·개방 물결을 타고 공학 부문을 확대 개편했으며, 경제, 자연과학, 법학, 인문·사회, 커뮤니케이션, 의학 등을 아우르는 종합대학으로 발전하고 있다.

오늘날 칭화대는 중국 정부의 과학기술 육성 정책의 중심적인 역할을 하고 있으며, 막대한 자금력과 지원을 바탕으로 과학기술 사업화를 추진하고 있다. 1,000억 위안을 투자해 기업들과 산학협력을 추진하는 '칭화홀딩스'를 설립하기도 했다. 2006년부터 중국 정부가 국가 어젠더로 설정한 '창신 創新 경제' innovation economy 정책의 지원을 받고 있다.

특히 칭화대는 중국의 명문 9개 대학을 일컫는 'C9 리그' 중 하나이자 세계적 수준의 이공계 대학으로 손꼽힌다. 베이징대, 난징대, 상하이교통대 등이 속한 C9 리그는 중국 연구인력의 3%를 차지하고 있지만 국가연구 자금의 10%를 할당받을 정도로 전폭적인 지원을 받고 있다.

🏫 중국 공산당 마피아 정치계 핵심

중국에서 칭화Tsinghua라는 단어는 칭화대를 졸업한 중국 공산당 정치인을 의미한다. 이들은 중국을 이끄는 4세대 지도자들로 개혁적인 성향을 갖고 있으며 타 대학 출신을 압도한다. 공산당 중앙위원회의 절반이 칭화대 출신이라는 말이 나올 정도다.

시진핑 국가주석의 최측근으로 알려진 왕치산 중앙기율검사위원회 서기의 측근들이 잇따라 승진하면서, 2017년 가을에 열리는 제19차 공산당 전국대표대회를 앞두고 인사 개편의 막이 올랐다.

《사우스차이나모닝포스트》에 따르면 왕샤오훙 베이징 공안국장 겸 국무원 공안부 부부장은 시 주석의 측근으로 불린다. 그는 시 주석이 지난 2002년까지 17년간 근무한 푸젠성에서 40년 가량 근무 했고 시 주석이 푸젠성 푸저우시 공산당위원회 서기를 맡고 있던 1998년에 푸저우시 국가안전국 국장으로 선임됐다.

시 주석의 고향인 산시성에서는 후허핑 부서기가 성장으로 승진했다. 후 성장은 2015년 4월 저장성 당위 상무위원 겸 조직부장에서 산시성 부서기로 선임된 지 1년 만에 또 다시 승진한 것이다. 그는 시 주석의 칭화대 화학공학과 동기이자 룸메이트였던 천시 공산당 중앙조직부 상무부부장과 칭화대에서 10년 이상 함께 근무했다.

'칠상팔하七上八下 · 67세는 중국 공산당 정치국 상무위원이 될 수 있지만 68세는 그럴 수 없다'라는 규칙에 따라 19차 당대회에서는 많은 변화가 예상되는 가운데 칭화대 출신들이 얼마나 약진할지 관심이 모아진다. 특히 베이징대 출신인 리커창 총리가 권력 투쟁에서 밀려난다면 같은 출신 대학의 출세에도 영향을 미칠 수 있다.

한편, 칭화대는 2012년 2월, 40대 총장을 발탁했다. 직전 총장보다 20살 가까이 젊은 1964년생 천지닝 박사는 칭화대 환경공학과 출신으로 영국 임페리얼컬리지에서 토목공학 박사학위를 받았다. 1998년 칭화대 환경공학과에 합류한 후 1999년에 환경공학과 학과장, 2007년 상임부총장에 임명됐다. 중국이 고속성장의 그늘 아래 환경오염 문제로 골몰하고 있는 상황에서 환경전문가가 칭화대 총장이 된 것은 의미가 남다르다.

천 총장은 칭화대 캠퍼스부터 혁신했다. 유리, 철을 사용한 현대적인 건물과 에너지 효율적인 기술을 채택한 그린 오피스를 실천했다. 천 총장은 임기를 불과 3년 정도 수행한 2015년 1월 중국 정부의 환경보호부장장관급에 임명됐다. 중국 정부 역시 한국과 마찬가지로 대학 총장이나 교수 출신이 정부 고위관료에 임명되는 경

중국 최고의 수재들이 모이는 칭화대 학생들은 '자강불식 후덕재물'을 이념으로 쉬지 않고 정진한다.

우를 심심치 않게 볼 수 있다.

시진핑 정권은 환경문제 해결을 위해 정부 차원의 규제 강도를 높이고 있다. 칭화대 총장을 정부 부처의 수장으로 기용한 것은 중국 정부의 환경문제 해결에 대한 강력한 의지를 보여 주는 대목이자 칭화대가 그 중심에 있다는 사실을 나타내는 사례다.

《**허핑턴포스트**》… "시진핑 주석이 정치적 개혁을 위해 칭화대에 의존하고 있다. 내각 각료 중에 환경 담당은 칭화대 출신이며, 전통적인 중국 정치에 현대적이고 실용적인 측면을 강조하고 있다."

칭화대 내에는 저탄소경제연구소가 있는데, 중국 정부의 정책 로드맵을 수립하는 '싱크탱크' 역할을 한다. 이외에도 칭화대에는 중국 정부의 에너지 정책과 기술 문제를 연구하는 다수의 연구소가 있다.

이우근 칭화대 마이크로전자연구소 교수… "칭화대 총장과 교수는 물론 학생 상당수는 공산당원으로 알려져 있다. 이들은 주로 차세대 지도자를 꿈꾸는 학생들로 학풍 역시 보수적이다."

2015년 3월, 칭화대는 새 총장으로 치우융 박사를 임명했다. 그는 칭화대에서 화학, 화학공학을 전공했으며 학사와 석사, 박사를 모두 모교에서 마쳤다. 이후 칭화대 교수에 임용돼 화학과장을 거쳐 2009년 부총장 자리에 올랐다. 치우융 박사 역시 1964년생의 비교적 젊은 총장이며, 중국과학원 선임 연구원 출신이다. 2011년에는 국가기술발명상을 수상하기도 했다. 280건의 과학기술논문 인용색인SCI 논문을 발표했으며, 100건 이상의 특허를 출원하기도 했다.

🏠 빌 게이츠도 창의성·열정에 감명받아

칭화대는 글로벌 기업과도 교류가 잦은 편이다. 중국의 이공계 두뇌들이 포진한 연구기관인 만큼 공동개발이나 연구성과에서 두각을 나타낸다.

세계 최대 반도체회사 미국 인텔은 2014년 9월 칭화대가 설립한 칭화홀딩스의 자회사인 칭화유니그룹과의 연구를 위해 칭화유니그룹 지분 20%를 15억 달러에 확보했다고 밝혔다. 양 측은 휴대전화에 들어가는 통신 기반 솔루션과 컴퓨터 시스템 구성을 개발한다. 칭화유니그룹은 스펙트럼, RDA 같은 기업을 인수하면서 반도체 사업을 키우고 있다.

브라이언 크르자니크 인텔 CEO···"중국은 세계 최대 스마트폰 소비 시장이자 세계에서 가장 많은 인터넷 사용자를 보유하고 있다. 이번 파트너십은 인텔의 시스템 구성·통신 기술 솔루션을 더욱 빨리 제공하고 중국 내 휴대전화 사용자의 지원을 확대하는 계기가 될 것이다."

2015년 7월에는 칭화유니그룹이 230억 달러 규모의 미국 메모리 반도체 회사인 마이크론테크놀로지 인수를 준비하고 있다고 보도되었다. 미국 《월스트리트저널》은 칭화유니그룹이 마이크론 인수를 추진하는 것은 미국 MIT가 오바마 미국 전 대통령의 경제 목표 달성을 위해 세계 최대 반도체 설계회사 퀄컴을 사들이는 것과 같은 이치라고 보도했다.

《월스트리트저널》 ···"칭화대가 산업계 투자와 육성을 위해 출범 시킨 칭화홀딩스 산하 칭화유니그룹은 중국 반도체 산업을 이 끄는 것은 물론, 해외로 손을 뻗고 있다."

애플의 아이폰을 제조하는 것으로 유명한 대만 폭스콘은 2011년에 향후 10년간 10억 위안을 칭화대에 기부할 것이라고 밝혔다. 궈타이밍 폭스콘 회장은 학교 설립 100주년을 기념하는 선물이자 상호 협력을 강화하기 위한 노력이라고 말했다.

양 측의 협력은 과학적 연구에 그치는 것이 아니라 인문학과 관련된 프로젝트로 확대되고 있다. 특히 폭스콘의 기부금은 혁신적인 아이디어를 가진 칭화대 학생들의 창업 투자금으로도 활용된다. 폭스콘은 과거에도 '칭화-폭스콘 나노기술 연구센터'를 설립하는데 3억 위안을 기부했고 이 센터는 80건이 넘는 논문과 700건에 가까운 특허를 보유하고 있다.

빌 게이츠 MS 공동창업자 ⋯ "세계 정상급 대학 중 하나인 칭화대에서 명예박사 학위를 받게 되어 영광스럽다. 중국 대학생의 아이디어와 창의성과 열정에 감명받았으며, MS는 칭화대와 긴밀한 협력 관계를 유지할 것이다."

칭화대는 세계 최대 소프트웨어 회사인 MS와도 공동연구를 수행하고 있다. 빌 게이츠 MS 공동창업자는 2007년 중국 내 MS의 연구활동으로 칭화대에서 명예박사 학위를 받았다. 빌 게이츠는 명예박사 학위 수여를 계기로 칭화-MS 스페셜 파일롯 CS 클래스 프로그램을 만들겠다고 발표했다. 칭화대와 MS의 공동연구 지원 프로그램으로 매년 세계적인 컴퓨터 과학자가 칭화대에서 방문연구를 수행할 수 있게 도왔다.

애플은 중국 시장을 매우 중요하게 생각한다. 시장 규모 측면에서 중국이 미국을 넘어설 날이 머지 않았다고 판단하고 있기 때문에 그는 중국의 환심을 사기 위해 시간이 날 때마다 중국을 찾고 있다. 팀 쿡 CEO는 2015년 9월 미국 워싱턴에서 열린 시진핑 중국 국가주석을 위한 만찬 모임에서 시 주석과 함께 헤드테이블에 앉았고 칭화대가 운영하는 경제스쿨의 자문위원도 맡고 있다.

🏠 숙명의 라이벌, 칭화대와 베이징대

중국의 대입시험인 '가오카오高考'에서 1위를 한 역대 '장원狀元·수석'들이 가장 많이 선택한 학교는 어디일까. 1952년부터 2015년 사이 중국 내륙에서 배출된 장원들을 조사한 '2016 중국 가오카오 장원조사보고서'에 따르면 베이징대835명에 이어 칭화대668명가 2위를 차지했다. 3위 푸단대55명, 4위 중국과학기술대54명, 5위 홍콩대50명와 큰 차이를 보였다중국 대륙에서는 31개 직할·자치구별로 가오카오를 별도 시행하기에 우리나라처럼 '전국 1등'은 없고 한 해 31명의 장원이 배출된다.

칭화대와 베이징대는 중국을 대표하는 이공계·인문계 대학답게 라이벌 의식이 상당하다. 현 중국 정부의 핵심 2인인 시진핑 주석이 칭화대, 리커창 총리가 베이징대를 나온 것만 봐도 두 대학이 서로를 견제하려는 심리가 강하다는 사실을 알 수 있다.

매년 6월이면 두 대학은 대학 입학시험에서 고득점을 차지한 학생을 유치하기 위한 경쟁이 시작된다. 부모와 고교 교사, 심지어

칭화대 졸업식장 천장에 학교 깃발과 중국 국기가 걸려 있다.

고교 교직원까지 공략 대상이다. 그런 만큼 두 대학은 신입생 유치 과정에서도 미묘한 신경전을 벌이기도 하고, 심지어 두 학교 직원들은 우수 학생을 유치하기 위해 몸싸움까지 하는 진풍경을 연출하기도 한다.

과거 칭화대는 베이징대에서 우수한 성적을 거둔 학생이 외부와 연락을 취할 수 없도록 학교탐방 명분으로 우수 학생을 초청하여 의식주를 모두 교내에서 해결하게 했다. 그리고 이 학생이 고향에 돌아갈 때는 동행 교사가 칭화대 원서를 쓰는 방식으로 학생을 유치했다고 한다. 심지어 칭화대 학생유치팀은 원서접수 마감일에 학생으로 위장해 베이징대에 전화를 걸어 베이징대 학생유치팀을 방해했다고도 한다.

2015년 6월 중국판 트위터인 웨이보에는, 모 대학이 베이징대를 지원한 문·이과 성적 10위권 내 학생들에게 전화를 걸어 '베이징대가 학생들을 속이고 희망전공을 받아주지 않을 것'이라고 했다는 글이 올라온 적도 있었다.

2015년도 수석 유치 경쟁에서는 베이징대가 칭화대를 앞선 것으로 나타났지만, 커트라인에서는 칭화대가 베이징대를 제치고 전국 1위를 달성했다.

🏛 기이한 것은 함께 보고 의심나면 서로 분석한다

'어지럽고 복잡함의 조화는 천지현황天地玄黃을 이루고/우주宇宙는 혼란스럽고 지극히 먼 곳이어라/시공時空이 교대로 변하나 다 그 정해진 양이 있고/모든 것들이 흘러 그 모두가 모이는 곳이 따로 있구나/천의天衣는 자르고 깎으나 그 바느질 자국이 없고/태극太極과 평형平衡의 법이 곧 그 기본이라/학식 있는 전문가는 이제껏 그 혼으로 시를 지으시니/진실된 마음으로 지으신 문장을 깊이 깨닫노라.'

이는 중국 물리학과 수학의 거장 양전닝 칭화대 고등연구원 교수와 천성선 전 프린스턴대 교수가 2004년 7월 톈진시 난카이대에서 만나 지은 시다. 과학에 대해 질문을 던지고 답을 찾는 것이 과학자의 자세로 '기이한 것은 함께 보고 의심나는 뜻은 서로 분석한다'는 내용이 이 시의 요지다.

양 교수는 1957년 노벨물리학상 수상자이고 천 전 교수는 20세기 미분기하학을 개척한 인물로, 두 과학자는 중국 과학계의 정신적 지주로 통한다. 두 과학자는 미국에서 연구 활동을 하다가 2004년과 2000년 각각 중국으로 귀국했고 천 전 교수는 2004년 12월 타계했다.

1957년 양전닝 교수와 함께 노벨물리학상을 수상한 물리학자

리정다오도 칭화대 출신이다. 이들은 소립자간 약한 상호작용에서 비대칭이 일어나는 이론을 제시했다. 양전닝은 1922년 중국 안후이성 허페이서 태어나, 베이징에서 고등학교를 마쳤다. 중일전쟁 발발 후 윈난성 쿤밍에서 대학을 졸업했고, 칭화대 석사를 거쳐 미국 시카고대에서 박사학위를 받았나. 2017년에 미국 국적을 버리고 중국으로 귀화해 화제를 모았다. 리정다오는 중국 상하이에서 태어나 윈난성에 대학을 마치고 미국 시카고대에서 박사학위를 취득했다.

한동수 한양대 건축학과 교수
(칭화대 박사)

Q. 칭화대는 현재 중국 최고의 이공계 대학이며, 아시아를 대표하는 대학이다. 유학 시절 국제적 명성이나 국제화 수준은 어떠했나?

한동수 ··· "칭화대에서 유학하던 1990년대 중후반은 중국 대학가에 변화의 바람이 불던 시기다. 개혁개방 이후 대학의 역할부터 운영까지 새로운 출발이 필요한 시점이었다. 당시 칭화대 캠퍼스는 서구 대학처럼 강의시설은 물론 기숙사, 교수 사택 등이 자리 잡고 있는 작은 도시와 같았다. 그만큼 칭화대 캠퍼스는 규모가 방대했고, 인적 구성도 다양했다. 1990년대에도 칭화대는 이미 세계적으로 알려진 대학이었다. 제3세계 학생들이 다수 유학을 왔고, 해외대학과의 교류도 활발했다."

Q. 칭화대가 시진핑 주석을 비롯해 중국의 지도자를 많이 배출한 학교로

알려져 있다. 이유가 무엇인지?

한동수 ··· "칭화대 내 중국공산주의 조직인 청년단_{공청단}의 기반이 굉장히 탄탄하다. 1966~1976년 사이에 전개된 문화대혁명의 홍위병의 총본산도 칭화대였다. 따라서 칭화대가 어느 정도 정치성향이 강한 대학으로 유지되어 온 것이 이유가 아닌가 싶다. 공청단은 가입이 까다롭지만 가입만 되면 많은 특혜를 보장받는다."

Q. 중국이 개방의 물결을 타고 변화를 시도하는 과정에서 대학도 많은 변화가 있었을 것이다. 어떠했나?

한동수 ··· "중국 대학 대부분이 국가에서 지원을 받는 체제였으나 개혁개방 이후 독자적인 생존의 방법을 찾아야 했다. 칭화대는 이공계 대학의 강점을 살려 다양한 기업을 설립하고 각종 서비스 시설을 갖추게 됐다."

Q. 칭화대의 강점과 한계는 무엇인가?

한동수 ··· "칭화대의 장점은 최고의 두뇌들이 집결한다는 것이다. 전 세계 화교인들과 네트워크를 형성하고 있어 동문들의 인맥은 상상을 초월한다. 또한 국가적 관심과 지원으로 좋은 연구환경을 갖고 있다. 한계가 있다면 구성원이 가지고 있는 공공에 대한 개

념과 인식이다. 대부분 개인주의와 배금주의에 경도되어 있는 경

향이 있다. 어느 조직이든 가장 중요한 것은 사람의 문제다."

종류 **종합 국립대학**
설립 **1897년**
위치 **일본 교토시**
교훈 **自由の学風**(자유의 학풍)
학생수 **2만 2,908명**(2013년)

아시아 '노벨상 산실' 연구중심 대학

교토대

2014년 노벨상 수상자 발표는 한국에 신선한 충격을 안겨줬다. 이웃나라 일본에서 무려 3명이 공동으로 노벨 물리학상을 받았기 때문이다. 이들은 모두 일본의 수도 도쿄가 아닌 지방의 교토대Kyoto University 등에서 공부하고 연구에 매진한 학자들이었다. 교토대의 이러한 성과는 '수업은 안 들어도 좋다'는 교수와 자유분방한 제자, 그리고 정답 없는 문제도 끊임없이 생각하도록 기다리는 시간이 있었기에 가능했다. 교토대는 100년이 넘는 연구로 아시아 '노벨상의 산실'로 자리매김하고 있다.

교토대 입구에는 학교의 상징물인 전나무가 서 있다.

🏛 '수업은 안 들어도 좋다'는 교수와 자유분방한 제자

야마기와 주이치 교토대 총장 … "정답만 암기하는 시험 위주의 공부를 한 대다수 고교생들은 대학에 들어가면 벽에 부딪힌다. 우리는 정답이 없는 문제도 생각할 수 있는 힘을 몸에 익혀야 한다."

일본에서 지금까지 노벨상 수상자를 가장 많이 배출한 대학이 어디일까? 이 질문을 받은 상당수 사람들은 머뭇거린다. 당연히 일본 최고의 대학인 도쿄대가 아니겠는가라는 말과 함께. 도쿄대는 지금까지 9명의 노벨상 수상자를 배출했다. 이 중 연구 분야는 6명. 자연과학 분야를 놓고 보면 도쿄대보다 더 자주 노벨상 수상자를 만날 수 있는 일본 대학이 있다. 다름 아닌 교토대다. 지금까지 교토대 출신의 노벨상 수상자는 8명으로 물리학, 화학 전공이 많다.

교토대의 모토는 '자유의 학풍自由の学風'이다. 학생들은 말 그대로 자신의 캠퍼스 생활을 누구에게도 구속받지 않고 자유분방하게 즐긴다. 많은 사람들은 이런 특성이 노벨상 수상 실적에 기여했다고 말한다. 시간을 정해 놓고 단기에 특정 성과를 내기 위해 채찍질하는 것이 아니라, 하고 싶은 대로 또 생각나는 대로 행동하고 연구할 수 있는 교토대의 문화가 한계를 뛰어넘는 결과를 가져왔다는 뜻이다.

양하온 교토대 농업대학원 박사과정 … "자연과학 분야 노벨상 수상 자들은 평생 한가지 연구에 매달리다 우연한 발견으로 인류의 난제를 해결하곤 한다. 교토대에는 유독 한 가지에만 몰두하는 사람이 많다. 대학원생들의 연구에서도 교수님의 간여가 덜하며, 자유롭게 공부하고 연구하는 환경이 조성돼 있다. 이러한 학풍이 오늘날의 교토대를 만드는 데 이바지했다고 본다."

실제 교토대에는 몇년 동안 논문 하나 발표하지 않고, 자신의 연구만 계속하는 엉뚱한 연구자도 있다. 다른 대학 같으면 무능한 연구자로 낙인이 찍혀 짐을 싸야 할 지도 모른다. 하지만 교토대는 관점을 바꿔 이들을 미래의 노벨상 주인공으로 대우해 준다.

교토대에서는 실패나 낙오도 쉽게 용서를 받을 수 있다. 부단한 노력을 할 수 있는 기회와 성공을 위한 시간이 주어질 뿐이다. 학생들은 자신의 관심 분야에 몰두할 뿐 어떠한 제재나 통제에도 따르지 않는다. 그 예로 교토대 학생은 출석 의무에서도 자유롭다. 대형 강의실이 텅텅 비는 경우도 종종 있다.

김선민 교토대대학원 사회기반공학 교수 … "상당수 교수들이 학생들의 출석 여부에는 크게 신경을 쓰지 않고, 필요한 지식의 전달과 수업주제의 이해에 중점을 둔다. 매번 수업에 참석치 않더라도 필요한 지식을 학생 본인이 스스로 파악한다면 수업의 출석여부에는 크게 개의치 않는다."

그렇다면 자유로운 수업 분위기만큼 학점도 쉽게 얻을 수 있을까? 교토대의 학점은 우·양·가 합격, F 불합격 네 단계로 결정되고 학생들은 학사제도에 맞춰 여러 과목을 신청하는데, 학생들의 학기말 과목별 최종 합격률은 50~70%에 불과하다. 나머지 학생들은 낙제점을 받고 다시 수강을 하거나 그 과목을 포기해야 한다.

교토대의 자유로운 학풍은 기숙사 생활과 졸업식에서도 엿볼 수 있는데, 학생들은 어떠한 구속이나 평범함도 거부한다. 교토대의 메인 캠퍼스가 있는 요시다 기숙사의 경우 통행제한도 없고 학교 차원에서 엄격한 잣대나 규칙을 적용하지 않는다. 교토대의 졸업식은 매년 일본 언론들이 취재 경쟁을 벌일 만큼 특이하다. 학생들이 저마다 자신의 개성을 표현하는 독특한 복장을 입고 참여하는 것이 특색이다.

🏠 정답 없는 문제를 생각하다

교토대는 1897년에 정식 출범했지만 전신은 1869년 오사카에서 화학대학으로 출발했다. 당시 화학대학이라는 이름을 가지고 있었지만 물리도 함께 가르쳤다. 이후 정식 종합대학으로 출범하면서 1900년대 초반 자연과학을 넘어 의학, 법학 등을 아우르게 되었다.

교토대 학부생은 4학년이 되면 일찌감치 각 연구실에 배속돼 자신의 연구능력을 시험하는 시간을 갖게 된다. 특별연구와 졸업 논문을 쓰는 과정을 거친다. 인기가 높은 연구실은 성적이 우수한 학생만 갈 수 있다. 이 중 일부는 학부생이라고 믿기 어려울 정도의 성과를 내 지도교수를 놀라게 한다.

이공계 전공의 경우 졸업논문을 쓴 학생의 90%가 석사과정에 진학한다. 사실상 6년^{학부 4년+대학원 2년}을 자신의 전공 연구에 매진하는 시스템이다. 취업을 위해 학부 4년 과정을 학점따기에 올인하고, 졸업 논문 없이 학위 자체에 의미를 부여하는 한국의 대학과는 대조적인 모습이다.

교토대 학생은 석사에 진학한 후 1년차 과정 동안 수업이수를 위해 정신 없이 시간을 보낸다. 전공 지식이 쌓인 후에는 비로소 졸업논문 주제도 심도 있게 판단할 수 있는 학문적 경지에 이른다. 교수들이 석사과정 학생을 대하는 태도는 수직적 관계가 아니라 수평적이며 교수와 학생들은 연구 관련 토론을 즐긴다.

석사과정 학생이 박사과정에 진학하면 학문적 깊이는 더욱 깊어진다. 교토대의 박사과정 기간은 통상 3년인데, 자신의 연구에만 몰두하기에 단시간 내 따라잡기 어려운 수준에 이를 수 있다.

교토대의 자유로운 연구환경은 일본 정부가 국가 차원에서 지원하는 연구비에 기반한다. 일본에서는 지방의 작은 대학 교수나 연구원이라고 해도 연구의 중요성 등이 알려지면 다양한 경로로 연구경비를 조달할 수 있는 시스템이 갖춰져 있다.

🔬 100년 이상 연구가 이룩한 세계적 물리·화학성과

과학계의 경우 대가大家 밑에서 공부하고 연구한 제자들이 스승의 전통을 이어 또 다른 성과를 내는 경우가 다반사다.

일본 최초의 노벨상 수상자이자 이론 물리학자였던 유카와 히데키는 도쿄에서 태어났지만 교토에서 자랐고, 교토대를 졸업했다. 그는 1940년 모교인 교토대 교수가 됐으며, 1949년 노벨물리학상 '중간자 존재의 예측'을 받을 때까지 일본을 벗어나지 않고 모국에서 연구를 수행했다. 그는 1970년 교토대에서 종신교수로 은퇴했다.

일본은 1950년대에 노벨상 수상자를 배출하지 못했다. 그러다 침묵을 깨고 1965년 또 한 명의 교토대 출신 수상자가 탄생했다. 1965년 노벨물리학상은 세 명이 공동 수상했는데 이들은 '양자 전기역학quantum electrodynamics'으로 현대 물리학의 기초를 쌓았다. 세 사람은 물리학 대중화의 선구자 리처드 파인만과 줄리안 슈윙거, 그리고 일본의 토모나가 신이치로였다. 흥미로운 점은 토모나가 신이치로는 자신보다 16년 앞서 노벨물리학상을 받았던 유카

교토대를 졸업한 일본의 이론물리학자 유카와 히데키. 그는 1949년 중간자 이론으로 일본 최초로 노벨물리학상을 수상했다

와 히데키와 동급생이면서 라이벌이었다는 사실이다.

1981년에 노벨화학상을 받은 후쿠이 겐이치는 한 평생을 교토대와 함께한 사람이다. 그는 1951년부터 1982년까지 교토대에서 물리적 화학을 가르치며 교수로 재직했다.

1987년에 도네가와 스스무 MIT 교수는 '항체 생산 유전자의 면역 메커니즘'을 밝힌 업적으로 노벨생리의학상을 받았다. 그는 교토대 재학 시절 화학을 전공했지만 바이러스 공부에 심취하느라 전공 공부를 거의 못했던 것으로 전해진다. 교토대가 아닌 다른 대학의 학생이었다면 전공 공부를 소홀히 한다고 질타를 받았겠지만 교토대에서라면 이야기는 달라진다.

2001년 노벨화학상 수상자인 노요리 료지는 광학이성질체光學異性質體의 선택적 합성기법을 개발했다. 2008년에는 마스카와 도시히데 교토대 교수가 '입자물리학의 대칭성 깨짐 연구'로 노벨물리학상을 공동 수상했다.

2012년에는 야마나카 신야 교토대 교수는 유도만능줄기 세포 연구로 노벨생리의학상을 받았다.

특히 2014년에는 '청색 발광다이오드LED 발명' 업적으로 일본에서 무려 3명이 공동으로 노벨물리학상을 받았다. 이들 노벨상 수상자의 면모는 한국에 신선한 충격을 안겨 줬다. 아카사키 이사무 나고야 메이조대 교수, 아마노 히로시 나고야대 교수, 나카무라 슈지 미국 UC산타바바라 교수가 그 주인공이다. 3명은 일본의 수도 도쿄가 아닌 지방에서 공부를 하고 연구에 매진했다는 공통점이 있다.

세 사람의 출신학교를 살펴보면 아카사키 이사무는 가고시마현 출생으로 교토대를 졸업하고 나고야대에서 박사학위를 받았다. 아마노 히로시는 하마마츠 출생으로 나고야대에서 학사와 석사, 박사를 모두 받았다. 도쿠시마대를 나온 나카무라 슈지는 한국의 LED 회사인 서울반도체의 기술고문으로서 한국과도 인연이 깊다.

도쿄가 아닌 교토에서 수도가 아닌 지방에서도 얼마든지 세계적인 과학자가 탄생할 수 있다는 사실은 시사하는 바가 크다. 2014

년 노벨 물리학상은 단순히 수상을 넘어 일본 과학기술계의 저변
이 얼마나 넓은지를 입증해 주는 사례이기도 하다.

순수과학의 성과는 10~20년 정도의 시간으로 나오지 않는다.
100년 이상의 오랜 역사와 기다림이 있어야 그 결실을 맺을 수 있
다. 교토대가 이렇듯 탁월한 성과를 내는 데는 훌륭한 스승과 제
자, 이들을 지원하는 연구시설과 기다림이 있었기에 가능했다.

교토대는 이처럼 물리·화학 분야의 명성에 힘입어 전통적으로
물리와 화학 관련학과의 커트라인이 높다. 의대나 약대, 경영학부
도 인기가 많지만 이공계 명문답게 학생들이 순수과학에 관심이
많다. 우수한 학생이 순수과학을 전공으로 선택한다는 것은 훗날

2014년 노벨물리학상을 받은 나카무라 슈지 미국 UC산타바바라 교수, 아카사키 이사무 나고야
메이조대 교수, 아마노 히로시 나고야대 교수.

국가 연구의 미래가 밝다는 뜻을 의미한다. 짧게는 10~20년 후부터 길게는 50~60년 후, 또 다른 노벨상 수상자가 일본에서 배출될 수 있는 비결이 되기도 한다.

한편, 아시아에서 과학기술 연구성과가 가장 두드러진 나라가 일본이다. 일본이 기초과학 분야에 투자를 시작한 역사는 150년에 달한다. OECD에 따르면 2013년 국제성인역량조사에서 일본은 언어, 수리, 컴퓨터 기반 문제해결력 등 사고력 전반에서 1위를 차지했다. 일본이 다수의 노벨상 수상자를 배출한 것은 정부 주도로 설계된 명확한 목표와 국민적인 정책의 영향도 컸다.

🏯 일본의 정신, 교토

교토는 현 수도인 도쿄에 가려 인구 150만 명이 사는 지방도시로 쪼그라들었다. 하지만 794년부터 1868년까지 1000년 넘게 일본의 수도로 군림했던 만큼 일본 사람들은 교토를 일본의 정신을 계승하는 전통적 수도로 생각한다. 이는 교토라는 한자에서도 알 수 있다.

교토는 한자로 '京都'라고 표기하는데 여기서 '京'은 수도, 즉 우리나라의 서울을 뜻한다. 지금의 수도인 도쿄는 한자로 '東京'이기에 동쪽에 있는 서울이 된다. 이렇게 작명된 것은 교토를 중심으로 도쿄가 동쪽에 있기 때문이다. 일본 역사는 교토를 중심으로 동쪽으로 확장했고 그러면서 동쪽의 수도가 일본의 수도가 됐다.

몇년 전 한국에서는 '교토식 경영'이라는 단어가 회자됐다. 일본 경제가 장기침체를 경험했음에도 세계 3위 자리를 유지할 수 있었던 이유는 교토 주변에 위치한 교세라, 일본전산, 호리바제작소 같은 세계적 기업들이 존재했기 때문이다. 이들 기업은 혁신적인 경영방식을 추구했는데, 이는 글로벌 시대의 변화를 시의적절하게 따라가는 것은 물론 경쟁력 확보에도 주효했다. 대표적인 전자부품회사 교세라는 '아메바 경영'을 앞세워 조직의 분업화와 생산효율을 꾀했다.

이나모리 가즈오 교세라 창업자와 야마기와 주이치 교토대 총장이 2015년 4월 이나모리 재단과 교토대의 협력을 약속하면서 악수를 나누고 있다.

교토 시내에 자리잡은 '교토리서치파크'는 일본의 대표적 공동 연구개발R&D 단지다. 오사카 가스가 4억 5,000만 엔을 출자해 1989년에 문을 열었고, 정보통신기술ICT, 바이오, 전자, 기계 등 350개 기업이 입주해 있으며 4,000명이 근무하고 있다. 대학과 연구소, 중소기업, 교토시 등이 새로운 비즈니스 창출과 산·학제 간 융합 연구를 추진하고 있다. 입주 기업은 적은 비용으로 실험 기자재를 포함한 시설을 이용하고 행정 서비스도 받을 수 있다. 교토리서치파크는 교토대를 기반으로 지역 내 이노베이션 허브로 자리매김하고 있다.

백진석 교토대 분자공학과 박사과정 ⋯ "교토대는 카츠라 캠퍼스 주변에 교토이노베이션파크가 형성되어 있어 벤처기업과의 공동 연구를 활발히 진행하고 있다. 일본은 대기업과의 산학 연구도 많지만 중소기업과의 공동 연구도 활발히 진행해 중소기업의 성장에 많은 도움을 준다."

교토는 중앙의 도쿄와는 다른 독특한 문화와 환경을 형성하고 있다. 대학 운영이나 학문적 추구 역시 중앙에서 멀리 떨어진 지역답게 강제적이기보다는 자율적이고 독립적이다. 예를 들어 노벨상을 받거나 학계에서 두각을 나타낸 학자가 탄생해도 도쿄와는 상대적으로 거리가 떨어져 있기에 간섭을 덜 받을 수 있다.

더불어 일본에서 문화유산이 가장 많이 남아 있는 지역이기에 역사적으로나 학술적으로나 독자적인 영향력을 행사할 수 있다. 주변의 아름다운 자연환경은 대도시 생활에 지겨운 교수와 학생들이 연구에만 집중할 수 있는 여건을 만들어 준다.

또한 작은 도시는 연구자들이 서로 학문적 교류를 나누고, 정부 비판적인 사상이나 태도를 가진 학생들이 많이 나올 수 있는 배경이 되기도 한다. 실제 교토대의 한 기숙사는 예전부터 학생운동의 회의장소로 쓰이기도 했다.

백진석 교토대 분자공학과 박사과정 … "교토는 세계 유산이 16곳이나 되는 전통석인 도시로 한적하고 고풍스럽다. 연구 중에 사색에 잠기거나 여유를 즐길 만한 곳이 많다. 실제 명승지인 '철학의 길'은 교토대 교수와 학생들이 사색하고 연구를 했던 곳으로도 유명하다. 도시 분위기가 연구에도 큰 영향을 미친다."

교토에서 또 하나 중요한 것은 학생에 대한 존중이다. 교토 시민들은 학생을 '가쿠세이 がくせい 상'이라고 부르는데, 이는 '학생님'이라는 의미다. 호칭 자체에서 학생에 대한 생각과 예의가 묻어나온다.

일본 교토 시 사쿄 구에 있는 산책길 철학의 길. 교토대학의 교수이자 철학자인 니시다 기타로가
산책하며 사색을 즐겼다 해서 붙여진 이름으로 가장 교토다운 곳으로 손꼽힌다.

🏫 세계적 수준의 영장류·줄기세포·방재 연구소

교토대 교수와 학생은 세계적 수준을 자랑하는 단과대 규모의 연구소를 그 터전으로 삼고 있다.

일례로 영장류연구소는 일본을 넘어 세계적 연구성과로 주목받는 곳이다. 1967년 설립돼 침팬지 등 800여 마리의 영장류를 보유하고 있는데 일본 내 정상급 영장류 학자인 야마기와 주이치 현 총장 역시 영장류연구소를 이끌었던 것으로 보아 학교 내 위상을 알 수 있다. 야마기와 주이치 총장은 교토대에서 학·석·박사를 모두 받았고, 1988년 교토대에서 교수생활을 시작해 총장 자리에 올랐다.

교토대 영장류연구소 마쓰자와 데쓰로 교수는 1978년에 침팬지의 학습능력을 알아보는 실험을 진행했다. 연구팀은 '아이AI'라는 이름의 침팬지에게 한자를 가르쳤는데, 아이가 새끼 '아유무'를 낳자, 생후 9개월 만에 글자 맞추기에 성공하는 놀라운 일이 벌어지기도 했다. 또 10개월 무렵에는 구멍에 막대를 끼우거나 컵을 포개기도 했다. 천재 침팬지 아이는 이후에도 교토대 영장류연구소의 역량을 보여 줬다. 1989년 사람의 행동을 기억했다가 우리의 자물쇠를 열고 도주하는 일이 벌어진 것. 게다가 오랑우탄 우리의 자물쇠까지 열어줘 사람들을 놀라게 했다. 아이가 36살이던 2013년에는 리듬에 맞춰 피아노 건반을 두드리는 사건도 있었다. 몸의 동작을 리듬에 맞춘 '동조同調행동'을 사람 이외의 영장류에서 확인한 것은 처음이었다. 연구팀은 침팬지에게 건반에서 빛이 나는 전자 키보드를 준 뒤, 낮은 '도'와 높은 '도'를 30번 연속해서 손가락으로 누르게 했다. 이후 0.5~0.6초 간격으로 다양한 박자의 리듬감 있는 소리를 들려주자 아이는 리듬에 맞춰 정확하게 피아노 건반을 두드렸다.

야마나카 신야 교수가 이끄는 유도만능줄기세포 iPS세포연구소 역시 유명세를 떨치고 있다. 야마나카 신야 교수는 2006년 6월 캐나다 토론토에서 열린 국제줄기세포학회에서 생쥐의 피부 세포를

교토대 영장류연구소는 역사와
학문적 깊이가 세계적 수준이다.

배아줄기세포와 같은 상태로 되돌리는데 성공했다고 발표했다. 당시 학회에 참석한 학자들은 대부분 이 사실을 믿지 않았다. 다 자란 피부세포가 배아줄기세포가 되는 것은 할아버지가 나이를 거꾸로 먹어 아기가 되는 것과 같은 일이기 때문이다. 야마나카 신야 교수의 연구결과 발표 후 10년이 지난 지금 유도만능줄기세포는 맞춤형 세포 치료의 최전선에서 활용되고 있다.

1951년에 설립된 교토대 방재연구소는 방재 관련 실험을 위해 우지가와에 대규모 수리 실험실을 갖췄다. 홍수와 지진, 화산, 산사태 등 사회기반시스템 방재와 정부 방재정책·계획 수립 등 전반에 걸친 연구를 수행하고 있다.

일본 문부과학성은 2007년, 국제적 연구인재 거점을 구축하기 위해 세계 최고수준 연구거점 WPI·World Premier International Research Center Initiative 프로그램을 개시했다. WPI 위원회는 이무라 히로오 전 교토대 총장을 위원장으로 15명의 위원이 포함돼 있다. 10년 동안 연간 13.5억 엔의 연구비를 지원하고, 9개 거점을 구축했다.

하지만 교토대라고 고민이 없는 것은 아니다. 일본 대학의 문제점 중 하나는 부진한 산학연대와 특허수입이다. 2016년 5월《니혼게이자이신문》에 따르면 일본 기업에서 일본 대학으로 유입되는 공동연구 자금의 규모는 독일의 40% 미만이다. 이는 일본 기업이 대형 연구 프로젝트 파트너로 일본보다 해외 대학을 선호하기 때문이다.

서울 강남구 코엑스에서 공식 개막한 2015 세계과학기자대회에서 2012년 노벨 생리의학상 수상자인 야마나카 신야 교토대 교수가 기조강연을 하고 있다.

일본 총무성 조사에 의하면 2013년 일본 기업 전체 연구개발비는 12조 6,200억 엔이었는데, 일본 대학에 투입된 금액은 0.7%에 불과한 923억 엔이었다. 경제협력개발기구OECD에 따르면 일본과 산업구조가 비슷한 독일은 2012년 기업 연구개발비 6조 4,200억 엔 가운데 3.7%에 해당하는 2,412억 엔이 독일 대학에 투자됐다. 일본 기업 연구개발비 전체 규모는 독일의 2배 수준인데, 자국 대학에 들어가는 금액은 더 적다.

일본 문부과학성이 일본 기업과 대학이 2014년도에 실시한2만 2,700건의 공동연구를 조사한 결과, 65.8%는 연구비가 300만 엔 미만의 소규모였다. 반면 일본 경제산업성 조사 결과, 일본 기업이 해외 대학에 지불하는 공동연구비는 1건 당 평균 1,100만 엔을 초 과했다.

산학 연구는 특허 수입과도 직결된다. 일본은 미국 대학보다 특 허 수입이 상당히 적다. 교토대는 일본 대학 중 특허 관련 수입이 가장 많은 학교로 2014년 수입은 3억 5,000만 엔 도쿄대는 3억 4,000만 엔이었고, 대다수 대학은 5,000만 엔 이하로 조사됨 으로 나타났다. 하지만 미국 대학의 특허 수입 2014년 기준 1위 노스웨스턴대가 397억 엔, 2위 뉴욕대 237억 엔, 3 위 컬럼비아대 192억 엔에 비하면 그 규모가 적다.

🏛 유학생·외국인 교수 유치로 국제화 추진

대다수 일본 대학이 그렇지만 교토대에 유학생 비중은 그리 높 지 않다. 유학생도 중국, 한국, 대만 같은 아시아 국가 출신이 대부 분이다. 미국이나 유럽에서 교토대에서 학위를 받기 위해 날아오 는 유학생은 사실상 미미한 실태다.

2013년 5월 기준으로 유학생 출신국가 분포도를 살펴보면 중국 이 764명으로 가장 많고, 한국이 241명으로 뒤를 이었다. 대만 출

신 유학생도 90명을 기록했다. 하지만 미국에서 교토대로 유학을
온 학생은 24명에 그쳤다.

백진석 교토대 분자공학과 박사과정 …"일본 대학은 박사과정 학생에
대한 연구보조금 지원이 상대적으로 떨어진다. 미국, 한국 등의
대학에서는 연구실의 연구비 예산 중 박사과정에 대한 연구보
조금 비중이 크다. 반면에 일본 대학에서 박사과정을 밟고 있는
학생은 연구자를 지원하는 학생이라는 역할이 강하다."

일본은 '갈라파고스 대학'에서 벗어나 유학생 유치와 국제화를
위해 국가적으로 다양한 프로그램을 마련하고 있다. 교토대를 비
롯한 일본 대학들이 유학생에 배타적이지는 않지만 아직까지 유
치 성과가 두드러지지는 않는 원인 중 하나로 일본의 언어와 문화
장벽을 꼽을 수 있다.

문부과학성 외국인 유학생 특별장학금은 한국에서 일본으로 유
학을 떠나는 학생들이 학비 등의 지원을 받기 위해 많이 이용하는
프로그램이다. 일본 정부 장학금 프로그램은 박사과정 학생에게
영어로 연구하고 영어로 논문을 쓸 수 있게 해 외국인 지원자의 호
응을 얻었다. 하지만 일어로 논문을 써야 하는 경우에는 지원자가
줄어들 수밖에 없다. 그래서 일본 정부와 대학들도 영어로 공부를
하고 연구할 수 있는 여건을 만들기 위해 각별히 신경을 쓰고 있

교토대가 개발한 웨어러블 워킹 보조장치

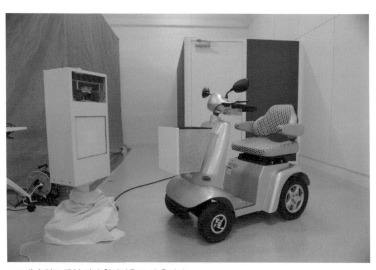

교토대가 연구 중인 전기 휠체어용 무선 충전기

다. 일본인의 아킬레스건이자 국제화의 걸림돌로 꼽히는 영어 사용 문제에 대해서 교토대도 신중한 입장이다.

야마기와 주이치 총장…"영어 습득이 필요는 하지만 하나의 도구일 뿐이다. 학생들에게 방학기간에 해외 단기 연수를 경험하게 하고 국제적 감각을 익히는 것은 필요하나, 영어가 대학 4년의 목표가 되어서는 안 된다."

이는 대학생활 4년 동안 사고력을 제대로 익히는 것이 영어보다 더 중요하다는 의미를 담고 있다. 중·고등학교 시절 일본어로 학습능력을 기른 학생들은 해외 연구성과를 모국어로 연구하고 교육해도 된다는 뜻이다. 야마기와 주이치 총장은 영어보다는 오히려 대학에서 학습법을 배우는 것이 중요하다고 강조한다.

외국인 교수 숫자가 턱없이 부족한 점도 외부 평가에서 국제화 능력 부문의 점수를 깎아 먹는 요인이다. 교토대는 오는 2020년까지 외국인 교수 100명을 추가로 채용할 계획이다.

🏫 한국과의 인연 깊은 학교

교토대는 한국과도 인연이 있는 학교다. 일제강점기 당시, 교토대에서 공부한 한국인 과학자 중에는 노벨상 수상에 근접한 연구 성과를 낸 이도 있었다.

교토대를 졸업하고 서울대 초대 공학부장을 지낸 이승기 박사는 한국전쟁 무렵 월북해 북한에서 과학자로 명성을 날렸다. 그는 화학 합성섬유 '비나론'의 개발자이며, 북한을 대표하는 핵 과학자로도 알려져 있다. 비나론은 교토대가 1939년 개발한 비닐론과 같은 것으로 미국 나일론의 뒤를 잇는 합성섬유였다.

서울대 초대 이공학부장을 맡았던 이태규 박사는 교토대에서 유학했고 한국인 최초로 일본에서 박사학위를 받았으며 교토대 교수로도 근무했다. 이태규 박사는 양자화학을 전공하고 미국 유타대 화학과 교수로 재직했다.

2012년 여름, 당시 교토대 총장이었던 마쓰모토 히로시는 서울을 찾았다. 그는 최근 들어 교토대에 한국의 학생이나 연구원이 유학을 오지 않는다고 이야기했다. 아직까지 과학기술 분야에서 노벨상 수상자가 나오지 않은 한국이 순수과학이 발달한 교토대의 연구와 문화를 접목한다면 노벨상은 앞으로 얼마든지 승산이 있다는 설명을 덧붙였다. 하지만 한국 사람들에게 교토는 도쿄에 비해 정보가 적은 지방 도시다. 일본 유학을 결심한다고 해도 명문대학이 몰려 있는 도쿄보다 선호도가 떨어질 수 밖에 없다.

🏯 평범하지만 일본을 지탱하는 힘

　교토대가 8명의 노벨상 수상자_{교수·동문 포함}를 배출했지만 동문 중에 유명인을 찾기란 쉽지 않다. 그리고 5명의 일본 총리가 교토대 출신이지만 모두 1970년 이전에 총리를 역임했던 사람들이다.

　일본 사회는 좋은 대학을 나왔다고 해서 높은 연봉의 대기업만 목표로 하거나, 우리처럼 젊은이들이 전문직만 고집해 이공계 엘리트나 의사, 변호사로 인생의 항로를 바꾸는 일이 많지 않다. 대신 사회 저변에서 묵묵하게 일하는 사람들이 많기에 출신학교에 따라 사회 고위직 진출 여부가 갈리지도 않는다. 일본의 명문 이공대학을 졸업했지만 우체국에 취업해 자전거를 타고 집배원을 하는 것도 일본에서는 이상한 일이 아닌 것이다.

　김선민 교토대대학원 사회기반공학과 교수 ⋯ "교토대 출신들이 기업, 공공기관에서 일하다 높은 자리에 올라가는 경우도 있지만, 일반적으로 평범한 진로를 선택한다. 우수 학생도 전력회사에 취업해 산골오지에서 근무하고, 철도청에 취업해 검표원으로 근무하는 사례도 있다. 어떤 조직에서도 맡은 바 임무를 충실히 해내는 것이 교토대 졸업생들의 강점으로 꼽힌다."

　교토대는 일본에서 약자로 '쿄우다이 _{京大}'라고 부르는데, 이는 일본어로 '형제兄弟'와 동일한 발음이다. 단어의 발음처럼 일본 사회 어디서나 쉽게 교토대 출신을 만날 수 있는데, 이들은 "쿄우다이 00년 졸업생 OB 올드보이입니다"라고 서로 인사한다고 한다. 비록 도쿄대나 게이오대, 와세다대처럼 겉으로 화려해 보이지는 않지만 보이지 않는 곳에서 학교의 자부심을 갖고 사회 구성원으로 살아가는 것이 교토대 동문의 특징이다.

한편, 교토대와 도쿄대 두 대학 학생들은 대학 시절부터 서로 경쟁하고 견제하는데 이는 사회에 나가서도 똑같은 구도를 형성한다.

구로다 가쓰히로 산케이신문 전 서울지국장(교토대 경제학부 졸업) … "교토대는 도쿄대를 항상 의식하고 두 대학은 경쟁 관계에 있다. 도쿄대 출신이 국가의 권력 기관을 짊어진 관료나 정치인으로 주로 활동한다면, 교토대 출신은 정의사회 핵심인 검찰에 많이 기용된다는 이야기도 있다."

인_터_뷰

김선민 교토대대학원 사회기반공학 교수

Q. 교토대는 아시아에서 가장 많은 노벨상 수상자를 배출한 학교다. 비결이 무엇인가?

김선민 ··· "학부 4학년생은 연구실에 배속되어 수개월에 걸쳐 특별연구를 진행한다. 한 연구실에 배정된 학생이 4~5명 수준이기에 3명의 교수에게 거의 일대일 지도를 받을 수 있다. 모든 학생이 연구에 자질이 있는 것은 아니지만, 일부 학생은 종종 학부 4학년이라고 믿기 어려울 만큼 수준 높은 결과를 낸다. 학부 4학년에 졸업논문을 써 본 학생은 석사과정에 진학해 심화연구를 이어간다. 석사과정에서 이미 최고의 연구를 수행한 학생은 박사과정에 진학해 3년간 연구의 수준을 높여 양질의 논문으로 발전시킨다. 연구성과가 탁월한 학생은 석사과정때 교수가 동등한 연구원으로 대우해 준다. 학생이 스스로 하고 싶은 연구를 할 수 있도록 배려하는 학풍이 교토대의 진정한 매력이다."

Q. 교토대의 연구소 한 곳이 한국의 단과대와 맞먹을 정도로 규모가 엄청나다고 들었다. 실제로 어떠한가?

김선민 ⋯ "교토대에는 한국의 단과대 이상 규모를 자랑하는 연구소가 많이 있다. 예를 들어 방재연구소의 소속교원은 100명_{단기채}용연구원 포함에 가깝다. 교토대를 포함한 일본의 대학들은 교수, 준교수, 조교수로 연구실이 구성된 '강좌제'를 지향한다. 서로 힘을 합쳐 팀워크를 발휘하면 대형 연구 프로젝트를 쉽게 진행할 수 있고, 서로가 학문적인 자극을 받을 수 있는 구조가 갖춰져 있다."

Q. 한국에서 몇 년 전 교토식 경영이 화두로 부상한 적이 있다. 교토에는 일본의 유명 기업이 많은데 산학협력도 활발한가?

김선민 ⋯ "화학이나 전기전자 전공 분야에서는 일본의 대기업과 많은 공동연구를 진행하고 있다. 때론 상상을 초월하는 대규모 프로젝트를 진행하는 경우도 많다. 일본 정부나 기업들은 잘 되는 특정 연구소만 지원하지 않고, 교수들 역시 여러가지 연구비 지원 프로그램에 지원해 연구비를 조달하는 구조다."

Q. 석박사과정 논문 심사는 어떻게 진행되는가? 영어로 진행하는 수업도 있는가?

김선민 ⋯ "교토대의 논문 심사 시스템은 의외로 간단하다. 공대의 경우 석사논문 심사는 2명이, 박사논문 심사는 3명이 한다. 하지만 심사는 일종의 통과의례이며, 심사위원들에게 연구에 관한 조언을 듣는 자리다. 이는 졸업논문을 심사에 올린다는 것은 지도교수가 학생의 졸업을 인정하겠다는 의미이며, 다른 심사위원 역시 지도교수 의견을 존중한다는 결과이기도 하다.

지도교수와 학생 스스로가 부끄럽지 않은 수준으로 졸업 논문의 질을 높여 심사를 받기에 이의 없이 심사가 자연스럽게 진행된다. 공대의 경우 박사과정을 받기 위해 국내외 학술저널에 주저자로 논문 3~6편을, 의대는 주요 학술저널에 주저자로 논문 1편 이상을 등재해야 한다. 토목공학과의 경우 2010년부터 영어로만 진행하는 학부 과정을 개설해 운영하고 있다. 대학원은 수업의 절반이 영어로 진행된다."

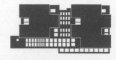

종류 **국립 특수대학**
설립 **1971년**
위치 **대한민국 대전**
학생수
학부 **4,047명** 대학원 **6,202명**(2013년)

한국을 넘어
세계적 명문 공대 도전
KAIST

2015년 6월 미국 캘리포니아주 포모나에는 전 세계에서 내
로라하는 재난 로봇들이 한자리에 모여 경합을 벌이는 '로
보틱스 챌린지'가 열렸다. 이 대회에서 KAIST 한국과학기술
원의 '휴보 Hubo'가 미국을 비롯한 로봇 강국들을 누르고
당당히 우승을 차지했다. 또한 이해진 네이버, 김정주 넥슨, 나
성균 네오위즈 같은 IT업계의 최고 리더들도 KAIST를 거쳐갔다.
한국을 넘어 세계의 대학들과 어깨를 나란히 하는 우리 대학의 가능성에 세계인들이
주목하기 시작했다.

KAIST는 무시험, 무학과, 무학년 제도를 도입, 한국 대학 교육의 혁신을 주도했다. 사진은 KAIST 대전캠퍼스 전경.

🏫 3無 제도, 글로벌 과학영재 육성 위한 혁신

KAIST는 한국의 다른 대학과 달리 독특한 제도 속에서 발전해왔다. 우선 교육부가 아닌 미래창조과학부_{과거에는 과학기술부} 소속이다. 교육부 울타리에서 운영되는 일반 대학과 달리 신입생 선발 과정부터 새로운 시도에 나섰다.

1992년부터 신입생을 선발할 때 무시험 전형이 가능했고, 이 제도 덕분에 과학과 수학에 뛰어난 재능을 가진 학생들이 학력고사나 수능시험을 거치지 않고 특별전형으로 KAIST에 입학했다. 그래서 KAIST 입학생의 상당수는 전국에 있는 과학고를 2년 만에 졸업하고 특별전형 혜택을 받는다. 학사 운영 역시 1986년부터 무학과·무학년 제도를 시작해 능력과 재능만 있으면 제도의 틀에 학생들을 가두지 않고 끼를 펼칠 수 있게 한다. 무시험, 무학과, 무학년의 3무無 제도를 운영하고 있으며, 학부생의 경우 전원 기숙사 생활을 하면서 KAIST인人으로서 소속감을 키우고 있다.

KAIST는 지난 2000년, 국내 최초로 벤처기업 현장실습 학점 취득제도도 실시했다. 해외 대학에서 실시하는 인턴 학점제와 유사한 제도로 학생들이 캠퍼스를 벗어나 실제 산업계 현장에서 경험을 쌓을 수 있는 기회를 제공한다. 산업체 현장 실습 등 학사학위 논문 대체 제도도 시행했다. 석·박사과정도 무시험 입학제도를 운영하며, 박사학위 논문의 세계 저명 학술지 게재를 의무화했다.

장영재 KAIST 산업및시스템공학과 교수 ···"KAIST 학생과 MIT 학생에게 똑같은 시험 문제를 내면 KAIST 학생이 더 잘 풀 수 있다고 생각한다. 하지만 문제를 만드는 것은 MIT 학생이 더 잘할 것이라고 본다. 단순비교를 떠나 KAIST 학생들이 매우 우수하고 포텐셜_{잠재력}을 갖고 있는데, 이런 학생들이 좀 더 적극적으로 능력을 발휘할 수 있는 여건이 조성되어야 한다."

KAIST는 창업 인재 육성을 위해 2016년 가을학기부터 'K-School'을 설립했다. 기존 석·박사와는 다른 1년짜리 학위 과정으로 미국 스탠퍼드대의 'D-School'과 유사하다. 세계 일류 이공계 대학들이 창업을 위한 교육과정을 운영하는 것처럼 KAIST 역시 전문 코스를 만든 것이다. K-School은 창업프로그램을 한데 모으고 기업가 출신 교수를 초빙해 기본적인 창업 지식을 교육한다. 미국 실리콘밸리에서 창업 경험을 가진 기업가도 강단에 선다. K-School 수강생들은 융합캡스톤디자인 과정을 통해 사업 아이템을 스스로 선정하고 이를 발전시킬 수 있다.

강성모 KAIST 전 총장 ···"KAIST는 이공계 교육혁신을 선도하며 창의적이고 도전적인 인재를 양성하고 있다."

🏠 도전정신 가진 인재, 세계 무대 주역으로

이해진 네이버, 김정주 넥슨, 나성균 네오위즈······.

이들은 KAIST에서 창업가 꿈을 키운 한국의 기업인이다. KAIST는 1999년과 2000년 사이 한 지상파 방송에서 방영된 TV 드라마 「카이스트」처럼 도전정신과 꿈을 가진 학생과 교수가 유독 많다. 학생들은 교과서 속 지식에 갇혀 시험지 답안을 채우는데 학창 시절을 보내는 것이 아니라 자신의 역량을 세계 무대에서 뽐내고 있다. 해외 어디에 내놓아도 손색이 없는 교수진 역시 오늘날 KAIST를 있게 한 원동력이다.

2015년 6월 미국 캘리포니아주 포모나에는 세계에서 내로라하는 재난 로봇들이 한자리에 모였다. 미국 방위고등연구계획국 주최로 열린 '로보틱스 챌린지'. 한국은 물론 로봇 강국으로 불리는 미국과 일본, 독일 등 24개팀이 참가했다.

결선 대회장은 후쿠시마 원전 사고 현장을 흉내 내어 만들어졌다. 로봇들은 운전하기, 차에서 내리기, 문 열고 들어가기, 밸브 돌리기, 장애물 돌파하기, 계단 오르기 등 8개 과제를 수행했다. 대회장에서 수백미터 떨어진 곳에서 제한된 속도의 무선통신으로 로봇을 조종하는 미션이 시작됐다. 통신이 끊기면 로봇은 사람의 도움 없이 스스로 상황을 판단하고 과제를 수행해야 한다.

KAIST 한국과학기술원 기계공학과의 오준호 교수팀 팀 KAIST이 이끄

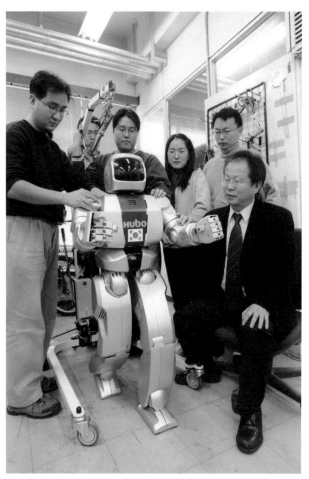

오준호 KAIST 기계공학과 교수는 2001년부터 '휴보'를 개발해 세계적 로봇 기술력을 알렸다.

는 '휴보 Hubo'는 1차 대회에서 6위에 머물렀지만 최종 대회에서 모든 임무를 완벽히 수행해 당당히 우승의 영예를 차지했다. 우승 상금만 200만 달러. 미국 매사추세츠공대MIT, 카네기멜론대처럼 로봇 공학도라면 가슴 설레는 최고의 팀들을 물리치고 KAIST 대표가 정상에 올랐다. 휴보는 지난 2001년부터 연구비 지원 없이 개발을 시작했다. KAIST의 현재이자 미래를 보여 주는 산물이다.

이외에도 KAIST 학생들은 각종 국제대회에서 입상하며 실력을 과시하고 있다. 2014년 10월 싱가포르 마리나 베이에서 열린 '제1회 국제 무인선박 경진대회'에서 KAIST는 미국 MIT에 이어 준우승을 차지했다.

제1회 대회에는 한국, 미국, 호주, 일본, 싱가포르 5개국에서 각 3개팀씩 총 15개팀이 참가했다. 도쿄대, 싱가포르국립대, 난양공대와 같은 학교들이 KAIST와 경쟁했다. 참가자들은 주최 측에서 제공한 길이 4.5m, 폭 2.5m의 무인선 플랫폼을 가지고 추진 시스템, 하드웨어, 자율 알고리즘 소프트웨어 등을 구현했다. 항로인식운항, 수중음원탐색, 부두자동접안, 부표원격관측, 수상장애물 인식 및 회피 등 5가지 과제를 수행했다.

김진환 KAIST 기계공학과 교수 … "무인기나 무인자동차와 함께 해양 분야에서 무인선박, 무인잠수정 같은 기술의 필요성이 높아지고 있다. 무인선을 이용하면 수로조사, 해양탐사, 불법어업단

속 등을 효과적이고 안전하게 수행하는 데 도움이 될 것이다."

2016년 9월에는 문화기술대학원 이성희 교수 연구팀이 증강현실 아바타의 발판이 될 기술을 개발했다. 증강현실 아바타는 사용자를 대신해 가상공간 혹은 원격공간에 존재하며 사용자의 움직임을 그대로 따라하고 반영한다. 연구팀은 사용자의 공간에는 식탁용 의자, 원격 공간에는 1인용 소파를 놓은 후 사용자가 식탁용 의자에 앉으면 아바타는 소파에 적합한 동작과 자세로 변형해 자리에 앉는 실험에 성공했다.

이성희 KAIST 문화기술대학원 교수 …"증강현실의 주요 응용 분야 중 하나는 원격 거리의 사람들이 마치 한 공간에 있는 것처럼 느끼며 교류하는 소셜 텔레프레즌스이다."

🏠 한국 최초 노벨상의 꿈

'언제쯤이면 한국도 자연과학 분야에서 노벨상 수상자를 배출할 수 있을까?'

GDP 국내총생산가 세계 11위 규모이고, 아시아를 대표하는 IT강국이라고 하나, 우리는 매년 노벨상 수상자 발표 시즌만 되면 무대

위 주인공을 부러운 눈초리로 바라본다. 당장 돈이 되는 응용과학이 대우받는 것이 현실이기에 중장기적인 안목과 투자가 필요한 순수과학을 등한시해 온 결과다.

하지만 이제 KAIST에서도 누구도 풀지 못한 수수께끼의 답을 찾아가는 사례가 나오고 있다. KAIST 화학과 유룡 특훈교수가 2014년 세계적 학술정보 서비스업체인 《톰슨로이터》로부터 노벨화학상 후보로 지목됐기 때문이다.

유 교수는 1999년 탄소로 이뤄진 메조다공성 물질을 최초 개발해 세계적인 주목을 받았다. 메조다공성 물질은 지름이 2~50나노미터10억분의 1m의 미세 구멍이 무수한 물질로 원유에서 휘발유를 추출하거나 화학반응을 돕는 촉매 등으로 이용된다.

그는 2011년 유네스코와 국제순수응용화학연합이 선정한 세계 화학자 100인에 뽑혔으며, 같은 해 《사이언스》는 2011년 10대 연구성과로 유 교수의 연구를 꼽았다. 유 교수는 기능성 메조다공성 물질 연구로 갤런 스터키 미국 샌타바버라 캘리포니아대 교수, 찰스 크리스거 사우디아라비아 아람코 최고기술책임자 CTO와 함께 공동 수상 후보자에 올랐다.

KAIST 생명화학공학과의 이상엽 특훈교수도 세계적으로 인정받는 학자다. 그는 《네이처 바이오테크놀로지》가 발표한 2014년 세계 최고 응용생명과학자 20인에 선정됐다. 생명공학 특허와 학술지 발표논문의 영향력을 높이 평가받았다. 20인 중 미국인이 아

노벨화학상 후보에 지목됐던 유룡 KAIST 교수. 그는 나노구조의 새로운 물질을 합성하는 방법을 세계 최초로 개발했다.

이상엽 KAIST 교수는 유전자 조작과정을 거쳐 '의료용 고분자 PLGA 생산 대장균'을 첫 개발했다.

닌 사람은 2명에 불과했으며, 아시아권에서는 이 교수가 유일했다.

이상엽 특훈교수는 미생물대사공학 분야의 세계적 석학으로 500여 편의 학술지 논문과 580여 건의 특허를 등록·출원했다. 세계 최고 성능의 미생물 화학물질 생산시스템을 개발했다.

🏛 국내 과학기술 인력 공급, 박사 1만명 배출

KAIST는 고故 박정희 전 대통령의 지원 아래 미국 국제개발처 USAID의 차관 600만 달러를 가지고 1971년 '한국과학원'이라는 이름으로 출발했다. KAIST의 설립 목적은 '고급 과학자·엔지니어를 양성하고, 국가 교육 시스템의 체계를 구축하는 것'이다.

1981년에 KIST 한국과학기술연구원와 합쳐졌다가 1989년에 KIST와 분리되면서 대전의 대덕연구단지에 자리를 잡게 됐다. 초기에는 석·박사과정만 있었는데 1984년 학사과정을 신설했다. 2009년에는 대전에 있는 정보통신 특성화 대학인 ICU 한국정보통신대학교를 흡수·통합했다.

ICU 교수·학생들의 반발로 흡수·통합에 상당한 진통을 겪었지만, 결과적으로 두 학교가 합쳐지면서 학교의 경쟁력은 높아졌다. ICU 교수진과 1,000여 명의 재학생이 전산·전기전자·정보통신학과로 편입돼, IT 분야 학생수가 2,700명 수준에서 3,850여 명

KAIST는 1971년 한국과학원이라는 이름으로 출발, 박사 졸업생 1만 명을 배출했다. 사진은 KAIST 졸업식 장면.

으로 늘어났다. 교수진도 106명에서 170명으로 증가해 IT 분야 세계적 명문대인 MIT 140여 명, 일리노이주립대 어바나 샴페인 140여 명을 규모 면에서 앞서게 됐다. 특히, 미국·유럽권 네트워크가 탄탄한 KAIST가 아시아 지역 협력이 활발했던 ICU의 역량을 받아들이면서 글로벌 역량을 강화하는 계기가 됐다.

KAIST는 개교 이후 2015년 2월까지 학사 1만 4,607명, 석사 2만 6,402명, 박사 1만 403명을 배출하며 성장해 가고 있다.

조선미 KAIST 생명과학과 박사(KAIST 1만 번째 박사) … "어릴적 꿈이었던 KAIST 박사, 그것도 1만 번째 박사라는 사실이 신기하고 감사하다. 더 건강한 세상을 만드는 뇌 과학자가 되겠다."

양동열 KAIST 기계공학과 교수(KAIST 1호 박사) … "1970년대 초까지는 박사학위를 따기 위해 해외로 유학을 갔지만, KAIST가 석·박사과정 학생을 선발하면서 변화가 왔다. KAIST 석학 연구실에 우수 인재가 모여들었고, 졸업생들을 배출하면서 국내에 고급 과학기술 인력을 공급하게 됐다."

🏛 세계 50위권 진입하고 온라인 강좌 박차

영국의 대학평가기관 QS가 실시하는 세계 대학 순위에서 KAIST
는 2015년 50위권에 진입했다. 2011년 90위에 불과했던 순위가
2012년 63위로 껑충 뛰어올랐으며, 2014년에는 51위까지 높아졌
다. 그리고 2015년에는 43위에 이름을 올리며, 세계적인 명문대들
과 어깨를 나란히 했다.

특히, 공학 분야의 순위는 2015년 기준 13위로 그 수준이 세계
적 반열에 올랐다는 사실을 입증했다. 공학분야는 2011년만 해도
순위가 27위에 불과했지만 나날이 경쟁력이 높아지고 있는 상황
이다. 자연과학 분야도 2015년 기준 28위를 기록해 가능성을 보여
줬다. QS 평가기준 아시아 대학 순위에서는 3위2015년 기준에 올라
중국, 일본, 싱가포르 같은 경쟁국 대학들을 긴장시켰다.

이 같은 순위 상승에는 교원당 논문수와 논문 피인용수 점수가
크게 상승한 것이 원동력이 됐다. 더불어 최근 몇 년간 실력 있는
교수들을 대폭 충원한 것도 자극제로 작용했다.

KAIST는 2013년 세계 최대 온라인공개강좌 MOOC 회사인 코세
라와 협약을 맺고 온라인강좌를 추진 중이다. 2014년에 MOOC를
통해 3개 강좌를 공식 개설했는데, 이는 세계 명문대의 강의를 안
방에서 누구나 들을 수 있는 MOOC 열풍에 동참한 것이다. 기계
공학 김양한 교수의 음향학, 물리학 박용근 교수·바이오 및 뇌공

학 최철희 교수·산업디자인 석현정 교수가 공동으로 참여한 빛·
생명·색채, 경영공학 김보원 교수의 공급망관리 강좌도 마련됐다.
MOOC의 취지에 맞게 온라인강좌는 모두 동영상과 함께 영어로
진행된다. 학습 이수 기준에 부합하는 학생은 코세라가 발급하는
수료증을 받게 된다.

갈 길 먼 국제화·이공계 기피 문제

2013년 에티오피아 대학입학시험에서 최고 득점 700점 만점에
637점을 기록한 겜메츄 베켈레 토롤사는 KAIST에 입학했다. 그는
원래 에티오피아 영재들만 입학하는 아디스아바바대 의대에 수석
입학했으나 의대 진학을 포기하고 KAIST 학생이 되기 위해 한국
을 찾았다. 겜메츄는 아시아의 상위권 대학인 KAIST의 교육시설
과 교수진 아래서 최첨단 공학기술과 뇌 과학을 공부하고 있다.

겜메츄 베켈레 KAIST 재학생 … "에티오피아 대학 강의실에는 컴퓨
터와 프로젝터조차 없으며, 200명의 학생들이 한 강의실에서
공부한다. 심지어 밤에는 전기가 끊겨 도서관에서 공부를 할
수 없다. 나는 한국의 최첨단 공학기술에 매료돼 KAIST에 입학
했다."

최근 KAIST의 겜메츄 같은 아프리카 과학영재 지원 비율이 증가하고 있다. 이는 KAIST 입학처가 에티오피아, 케냐, 르완다, 탄자니아 등 아프리카 4개국을 방문해 현지 입학설명회를 연 것이 영향을 미쳤다.

이렇듯 KAIST는 유학생 유치에 힘쓰고 있으나 외국인 학생 비중은 세계적 명문대들과 비교해 턱없이 낮다. 2014학년도 기준 외국인 입학생 206명 학사과정 45명, 석박사과정 161명을 포함해 540여 명의 외국인 학생이 KAIST를 다니고 있다. 이는 전체 재학생의 5% 수준에 불과하다.

외국인 학생 유치가 어려운 데는 언어 장벽 문제가 크다. 학부생의 경우 상당수 강의가 한국어로 진행돼, 외국인 학생이 한국어를 알지 못하면 수업을 따라갈 수 없는 상황이다. 또 학사과정은 전공 위주로 수업이 구성돼 유학생들이 아쉬움을 나타내기도 한다.

겜메츄 베켈레 KAIST 재학생 … "영어 강의 수업은 큰 어려움이 없지만, 한국어 강의는 따라가기 어렵다."

강성모 전 KAIST 총장 … "교수와 학생들이 한국어로 대화하고 각종 문서나 플래카드에 한국어만 표기된다면, 외국인 교수와 학생들은 소외될 수밖에 없다. KAIST는 국제적으로 'bilingual campus 두개의 언어를 사용하는 학교'를 표방한다. 아직 미흡한 적이 있지만 공문에도 한국어와 영어를 병기하는 등 국제화에 노력하고 있다."

KAIST는 유학생 유치 외에 외국인 교원 비중도 2017년까지 10%로 확대한다는 캠페인을 진행 중이다. 학문의 다양성은 물론 국제화를 위해서는 지금보다 더 많은 외국인들이 KAIST를 찾아야 하기 때문이다.

장영재 KAIST 산업및시스템공학과 교수 … "KAIST가 더 발전하기 위해서는 외국인 학생·교수 유치와 여학생·여성 교원 유치가 필요하다. 같은 생각을 하는 사람이 모여 단기적인 문제를 해결하는 것은 효율적이다. 하지만 장기적인 발전을 위해서는 다양한 인재가 모여 문화적 토대를 마련하는 것이 중요하다."

KAIST의 또 다른 고민은 학생들이 이공계 전공을 버리고 의대나 로스쿨로 이탈한다는 점이다. 전 세계적으로 이공계 기피 문제가 심화되고 있는 가운데 한국도 예외가 아닌데 KAIST 학생들 역시 자신의 진로를 바꾸고 있다.

한편 KAIST도 해외 일류 공대처럼 학생들의 학업 스트레스가

KAIST는 연구성과를 인정받아 세계 대학 순위가 50위권으로 높아졌다.

KAIST는 글로벌 캠퍼스를 지향하며 해외 유학생 유치에도 신경을 쓰고 있다.

크다. 2011년 이후 KAIST 구성원 11명학부생 6명, 대학원생 4명, 교수 1명이 스스로 목숨을 끊었다. 2011년 상반기에는 학부생 4명이 연달아 자살하는 이른바 'KAIST 사태'가 발생했다. 징벌적 등록금 제도, 전면 영어 수업 등 압박식 학사 운영 방식이 부작용을 낳았다. KAIST는 이후 문제 해결을 위해 징벌적 등록금 기준을 3.3점에서 2.7점으로 낮췄고, 학업 부담을 줄이고 심리 상담 지원을 강화했다.

🏫 동문 기부는 인색… 교수 연구비는 상위권

KAIST는 대기업 CEO부터 해외 명문대 교수까지 동문 활동이 다양하다. KAIST 졸업생들의 진로를 살펴보면 45%가 산업체에서 근무하고 있으며, 31%가 국내·외 대학, 21%가 공공기관에서 일하고 있다. 산업체 근무자 중 48%가 10대 그룹에 일하고 있으며, 벤처·중견기업에서도 52%가 근무 중이다.

KAIST는 짧은 역사 때문에 세계적 이공계 대학과 비교해 동문 수가 절대적으로 적은 편이다. 기부에 인색한 한국 대학이라는 인식처럼 동문들의 기부가 부족했던 것도 사실이다. 세계적 대학으로 발돋움하기 위해서는 정부나 기업 지원 외에 동문들의 자발적인 모금활동이 필수적이다. KAIST는 2015년 4월 발전기금 1조 원 모금을 위한 'Honor KAIST' 비전을 발표했다.

석사 1기 졸업생들은 40주년을 기념한 홈커밍 데이에서 KAIST
의 미래를 위한 동문들의 기부 참여를 호소했다.

KAIST 석사 1기 졸업생들 … "KAIST 졸업생들은 조국의 도움으로
교육받는 데 감사한 마음이다. MIT가 10조 원의 기부금을 보유
하고 있어 세계 최고의 대학으로 발전했다. KAIST도 2100년까
지 10조 원의 기부금을 모으는 데 동문들이 앞장서자."

KAIST는 동문 기부는 아직 미흡하나 산업체에서 유치하는 연
구비는 이미 글로벌 반열에 올라 있다. 영국 고등교육평가기관
THE는 2016년 교수 1인당 민간부분에서 받는 연구비를 조사한
결과를 발표했다.

독일 루트비히 막시밀리안 대학LMU Munich이 2013년 교수 1인
당 39만 달러의 연구비를 받아 1위를 차지했다. 미국의 듀크대는
교수 1인당 29만 달러로 2위를 차지했고, KAIST는 교수 1인당 25
만 4,700 달러로 3위에 올랐다. 교수 1인당 연구비 유치 성과 글로
벌 20개 대학 중 아시아에서는 7개 대학이 순위에 들어갔는데, 중
국이 4개 대학을 차지했다. 중국석유대학은 22만 7,600달러로 중
국에서 가장 높은 실적을 냈지만 KAIST에는 못 미쳤다. 독일, 터
키, 네덜란드, 미국 등의 대학들도 교수들의 산업체 연구비 실적이
뛰어난 것으로 나타났다.

강성모 전 KAIST 총장 … "KAIST는 발전기금을 노벨상 수준의 학문적 영향력이 있는 연구, 미래에 획기적 변화를 일으키는 교육과 연구, 세상에서 처음 시도하는 연구 등에 사용할 계획이다."

인_터_뷰

강성모 전 KAIST 총장

Q. 대학의 성장에서 지역 사회의 역할이 중요하다. 서울이 아닌 대전에 위치한 것은 장점이자 단점이다. 국제화를 어떻게 이룰 수 있나?

강성모 … "스위스에 연방공대가 두 곳이 있는데 로잔공과대학의 성장 속도가 빠르다. 로잔 지역 사람들은 취리히연방공대와 경쟁한다는 의식이 강하다. 이것이 대학의 성장에 영향을 미치고 있다. 한국은 서울에 많은 기능이 집중돼 있지만 대전에 있는 KAIST가 지금만큼 발전한 것은 고무적이다. 대전에는 KAIST 외에 많은 연구기관이 있고 이런 것들이 학교 발전의 원동력이 되고 있다.

한국은 담이 많은 나라다. 한번은 개인과 기관 간 담을 헐어야겠다는 생각에서 KAIST 옆에 있는 충남대 총장께 담나무을 헐어버리는 것이 어떠냐고 제안했다. 담이 없어지니 교수들이 자유롭게 오가고 학생들도 교류에 나섰다. 대전 지역 연구원 사람들 사이에서 KAIST처럼 담을 트자는 분위기가 조성됐다. 한국전자통신연구원ETRI도 대전에 있는 훌륭한 연구기관인데 KAIST와 협력 의사를 밝혔다.

Q. 외국인 교수 유치와 유학생 유치에도 힘을 기울이고 있는데 추이가 어떠한가?

강성모 ··· 외국인 교수를 유치하려면 첫째로 이들이 살면서 불편함이 없도록 해야 한다. KAIST는 국제적으로 두 가지 언어를 사용하는bilingual 캠퍼스를 표방한다. 공문에 한글과 영어를 병기하고 교내 플래카드도 영어를 병기하려고 한다. 아직 미흡한 점도 있지만 2017년까지 외국인 비중을 10% 이상으로 늘리자는 캠페인도 하고 있다.

다양성 확보 차원에서 교원 채용도 외국인 비중을 높이고자 한다. 더 많은 사람을 뽑기 위해서는 다니는 사람이 행복해야 한다. 외국인 입장에서 대전에 사는 것은 불편한 일이다. 길에 나서도 전부 한국말로 쓰여 있기 때문이다. 이런 부분은 대전시 차원에서 노력이 필요하다."

Q. KAIST 학부생이 미국 대학 상위 30%, 석·박사과정은 미국 대학 상위 10% 수준이라고 한다. 객관적으로 볼 때 KAIST 학생의 수준은 어느 정도인가?

강성모 ⋯ "일반적으로 볼 때 우리 학생들의 수준이 높은 건 사실이다. 많은 사람들이 KAIST의 장점은 학생들이라고 이구동성으로 말한다. KAIST를 나와 MIT, 하버드에 유학 간 학생들을 만나 봤는데, 공부하는 데 어려움은 없다고 하더라. 그래서 해외 많은 학교에서 KAIST 학생을 선호한다.

하지만 우리 학생들에게 단점도 있다. 소통 능력이 부족하고 상하 관계가 뚜렷하다. 교수들은 수직적 방식으로 교육을 받았기에 후배들한테도 대물림되는 것이 사실이다. 문화라는 것은 바뀌는데 시간이 걸린다.

KAIST 졸업생 중에 박사를 모두 한국에서 이수한 순수 한국파가 있다. 이들 중 외국에서 포닥^{박사후과정}을 경험한 학생 중에 실력이 뛰어난 사람이 많다. 외국에 가서 새로운 체험을 했기 때문에 학문적으로 더 성장한 것이다. 나고야대 총장도 일본에서 학위를 마치고 미국 대학에서 2년 동안 포닥을 했는데, 이 부분이 도움이 됐다고 하더라. 우물 안 개구리였는데 나가서 더 넓은 세상을 보게 된 것이다."

Q. 아시아 대학 출신이 노벨상을 받는다는 것이 쉽지 않은 일이다. KAIST 에서 언제쯤 한국 노벨상 수상자 1호를 배출할 수 있을까?

강성모 ⋯ "2014년에 유룡 교수가 노벨상 수상에 가까웠다. 이 분의 연구 분야가 독특한데 실적이나 경력을 보면 가능성이 있지 않을까 생각한다. 화학공학과 이상엽 교수도 연구 성적이 좋고《네이처》에서 선정한 세계 20인에 들어갔다. 50대 교수니깐 지금처럼 하다 보면 가능성이 있다고 본다.

1~2년 전에 일본을 방문해 노벨 물리학상을 받은 사람의 이야기를 들었는데, 6장짜리 논문으로 노벨상을 받았다고 한다. 30대에 쓴 논문이 시간이 지나고 나서 실험으로 증명돼 상을 받을 수 있었단다. 학교에서 도와 준 것이 있냐고 물었더니 전혀 없었다고 답했다. 본인이 열정을 갖고 연구하다 보면 성과가 나온다. 학교 차원에서 지원도 해야 겠지만 돈으로 상을 살 수는 없다.

발광다이오드LED로 노벨상을 수상한 나카무라 슈지도 다른 사람들에게 괄시를 받았지만, 한가지 분야에 매달려 성과를 거뒀다. 일본과 우리의 차이가 바로 이런 것이다. 일본은 그냥 하는 대로 내버려두지만 우리는 그렇지가 않다. 연구자 본인 스스로가 자신감을 가져야 한다.

Q. KAIST에서 노벨상 수상자를 배출하기 위해 무엇이 중요한가?

강성모 … KAIST에서도 유행을 따르지 마라, 본인이 정말 좋아하는 일을 해야 어려움을 이겨낼 수 있다고 말한다. KAIST는 젊은 교수들이 30년간 한가지 연구에 매달릴 수 있도록 지원하는 구상을 하고 있다. 노벨상을 타기 위해서라기보다는 좋은 연구를 심도 있게 하다 보면 노벨상도 따라올 수 있다는 점을 강조한다. 큰 기업을 일구고, 세상에 임팩트영향 있는 일을 만드는 것, 이것이 KAIST의 미션이다.

알렉산더 벨은 남이 가 보지 않은 길을 가야 새로운 것을 발견할 수 있다고 했다. 이미 연구결과가 나온 분야에 집중하면 논문은 나오겠지만 무슨 부가가치가 있겠는가. 테뉴어 제도도 실시한지 이제 3년이 지났는데, 논문을 이것밖에 못 썼느냐고 다그치면 안 된다.

정부에서도 양보다 질을 중요하게 보고 있다. 논문 몇 편보다는 중요한 일을 하고 있으니 기다려 보자는 분위기가 조성되어야 깊이 있는 연구가 가능하다."

Q. 애교심과 기부금 모금은 학교 발전을 위해 중요한데 동문들의 기부가 약한 것은 아닌가?

강성모 … "시간이 지나면 KAIST의 성공한 동문도 기부에 나설 수 있다고 생각한다. 빌 게이츠는 원래 60세까지 돈을 벌고 나서 기부를 할 생각이었다. 하지만 그의 어머니가 돈이 있을 때 기부를 해야 한다고 조언해 이른 나이에 기부를 시작했다. 우리나라에도 이런 문화가 만들어졌으면 한다. 학교에서 동문들을 불러야 하는

데, 동문들은 학교가 자꾸 돈을 내라고 생각하는지 초청 자체를 꺼린다. 해외에선 대학이 동문을 초청하면 감사하게 생각하고 달려오는데 말이다.

미국에 있을 때 소프트웨어로 돈을 많이 번 토마스 시블이라는 사람을 만난 적이 있다. 이 사람은 동문상을 받고 학교에 600억 원짜리 건물을 지어 줬다. 그러다 전국적으로 '시블 펠로십'을 키워 미국 내 20개 전산 전공 대학 학생들에게 장학금을 주게 됐다.

KAIST는 국민이 후원하고 국가가 지원해 주는 학교다. 학생들이 감사하는 마음을 가져야 한다. 기부로 후배를 돕고 외국인 학생까지 지원해 준다면 더 좋은 학생을 유치할 수 있다."

Q. 총장의 리더십이 학교의 방향과 발전에 큰 영향을 미친다. KAIST의 색깔은 무엇인가?

강성모 ⋯ "나는 KAIST의 세 번째 해외파 출신 총장이다. 이는 KAIST의 구성원들이 그만큼 개방적이라는 의미다. 한국에 그런 대학이 없는데 KAIST 이사진의 생각이 혁신적이다.

KAIST가 미래창조과학부^{과거 과학기술부} 소속인 것은 장점이다. 보통은 정부가 대학에 간섭을 많이 한다. 잘하는 대학과 못하는 대학의 편차가 크고, 못하는 대학에 맞추다 보니 규제가 생긴다. 하지만 KAIST는 운영에 자율성이 있고 교육부에서 KAIST 사례를 참고한다. 그러기에 KAIST가 잘해야 한다는 사명감이 있다.

결국 대학은 교수가 가장 중요하다. 유명한 교수가 있으면 과가 발전하고 우수한 학생도 몰린다. KAIST 교수진이 질적으로 성장해야 하고, 훌륭한 교수들도 초빙해야 한다. 학교 설립 초창기에 훌륭한 분들이 많았는데, 지금은 많이 은퇴하셨다. 공백이 생기지 않게 스타급 중진 교수들을 모셔 와야 한다.

싱가포르나 홍콩에 비해 외국인 교수가 안착하기에는 여건이 빈약한 점이 사실이다. 우리나라는 통일이 되어도 국내가 아닌 국제무대를 상대로 해야 한다. 문화가 소통되고 다양성도 있어야 한다."

Q. 슈퍼컴퓨터 왓슨이 탄생하는 과정에서 미국 대학의 역할이 컸다. 미래형 자율주행차 개발에도 대학이 많이 참여하고 있다. KAIST는 앞으로 기업과 산학 협력을 어떻게 할 것인가?

강성모 … "현대자동차도 KAIST와 협력해 미래형 자동차 개발을 한다. 무인차 시대에는 엔진보다 소프트웨어가 더 중요하다. 한국은 기업과 대학의 신뢰가 부족하다. 서로 윈윈해야 한다. 최고의 기술 전수는 졸업생이다. 이들이 살아 있는 기술이다. 대학에서 좋은 인재를 뽑아 활용하기 위해서는 기업과 좋은 관계를 유지해야 한다. 미국 대학생들은 방학 때 인텔 같은 기업에서 인턴십을 한다. 기업의 문제점을 학생들이 해결해 준다. 아직 우리나라는 이런 제도가 없다. 한국 대학 교수는 학생을 기업에 보내면 시간을 뺏긴다고 생각한다. 기업에도 책임이 있다. 서로 오픈해야 학생이 배울 수 있는 게 생긴다."

Q. 세계 일류 공대로서 앞으로 가야할 길은 무엇이라고 생각하나?

강성모 … "대학과 기업은 서로 보완적인 관계다. 서로 못하는 것을 채워 줄 수 있다. 기업은 실수를 하면 망한다. 대학은 실패를 할 수 있다. 핀펫 FinFET·3차원 구조의 칩 설계 및 공정 기술도 UC버클리에서 나왔다. 대학이 하는 일이 바로 이런 것이다. 좋은 장비가 있다고 좋은 연구를 하는 건 아니다. 장비가 좋으면 오히려 연구를 못한다. 자동으로 버튼을 누르다 보면 관찰력이 떨어질 수 있다.

새벽 5시에 KAIST 캠퍼스를 걷는데 밤을 새고 실험실에서 나오는 학생들을 만날 때가 있었다. 이런 학생들이 우리나라의 미래다. 이런 학생들이 많을수록 새로운 발전과 발견도 가능하다.

대학의 역할은 앞으로도 중요하다. 영국 옥스퍼드대 총장한테 어떻게 좋은 학교가 됐냐고 물으니 거듭나서 그렇다고 답변을 하더라. MOOC 때문에 대학이 없어지는 게 아니다. MOOC가 있지만 강의실에 학생들이 올 수 있도록 하는 것이 혁신이다. 새로운 걸 가르칠 수 있는 교수들이 학교에 있어야 한다. 세상은 자꾸 변하는데 현재에 도취하면 안 된다. 변화가 있어야 학교도 발전한다."

종류 **국립 종합대학**
설립 **1991년**
위치 **싱가포르 난양**
학생수
학부 **2만 4,300명** 대학원 **8,900명**(2010년)

열대 우림 속에서 꽃피는
신흥 명문

난양공대

일 년 내내 낮 최고 기온이 30도를 웃
도는 싱가포르의 남서부인 주롱 지역
에 자리 잡고 있는 난양공대Nanyang
Technological University. 설립된 지 채

30년도 되지 않는 젊은 대학이지만 영국 대학평가기관 QS가 집계한 세계 공과대학 순
위에서 5위권에 오를 정도로 일취월장하고 있다. 140여 개국 학생들로 구성돼 있고 44
개국에서 동문회가 결성될 정도로 글로벌한 네트워크를 자랑하는 난양공대는 점점 더
경쟁력이 높아지고 있다. '거꾸로 교실'로 교육 패러다임을 바꾸고, 21세기 최고의 교육
환경을 자랑하는 난양공대는 어떤 곳일까?

난앙공대 아트·디자인·미디어 전공 건물은 친환경적인 설계를 적용했다.

🏠 '거꾸로 교실'로 교육 패러다임 전환

버틸 앤더슨 난양공대 총장 ⋯ "난양공대는 향후 대학 강의의 절반을 '거꾸로 교실 flipped learning · 학생이 동영상 강의를 미리 들은 뒤 강의실에서 토론수업을 진행'로 채울 것이다."

난양공대는 공대에서 제공하는 모든 수업을 동영상으로 녹화한다. 수업에 출석하지 못한 학생이 인터넷 강의로 진도를 따라가는 것은 물론이고 복습도 가능하다. 수업 구성도 이론보다는 실무 중심이다. 실험이 많은 것도 특징이다.

난양공대의 하이브 Hive 프로젝트는 학생이 온라인에서 선행학습을 한 후 오프라인에서 교수의 실제 수업을 듣도록 하는 교육법이다. 학교 측은 시행 첫 해인 2015년에 150개 과목에 하이브를 적용하고, 2020년까지 약 1,500개 과목에 접목한다는 계획을 세웠다. 2020년까지 7,500만 달러를 투자해 학교 수업의 절반을 플립 수업 방식 flipped classroom model으로 대체한다는 방침이다.

하이브는 방식뿐 아니라 전통적인 강의실을 '스마트 강의실'로 탈바꿈시키고 있다. 2017년까지 캠퍼스 내 강의실에서 플립 수업을 진행할 수 있는 인프라를 구축한다는 것이 목표다. 스마트 교실은 소규모 토론이 가능하도록 유연하고 편안한 의자, LCD 화면, 무선 통신을 지원한다.

하이브가 정착되면 디지털기기와 온라인 미디어를 활용한 상호 작용적인 교육법이 스며들어 학습효과가 높아질 것으로 기대를 모으고 있다. 하이브는 1만 1,000개의 비디오 타이틀과 1,200종의 서적 5,000종까지 확대 예정을 디지털 형태로 제공한다.

버틸 앤더슨 난양공대 총장 … "우리는 구텐베르크부터 구글에 이르기까지 다양한 경험을 해 왔는데, 이제 디지털 기기와 온라인 미디어가 젊은 학생들이 지식을 습득하는 방식을 바꾸고 있다. 차세대 교수는 아이패드나 스마트폰이 될 것이다."

난양공대는 하이브를 친환경적인 캠퍼스 건물로 완성시킨다는 포부를 갖고 있다. 2020년까지 물, 에너지, 쓰레기를 35% 정도 줄이는 것이 목표다. 하이브는 설계 단계인 2013년에 친환경 인증 그린 마크 플래티넘을 수상했다.

한 예로 건물의 공기정화 시스템은 특수 금속 코일과 냉각수를 활용했다. 이는 교실 안의 공기를 차갑게 하고 뜨거운 공기를 밖으로 배출하는 역할을 한다. 교실과 건물 시설 곳곳에는 에너지 효율 조명과 모션 센서를 설치했다.

난양공대 교내에서는 어디에서나 초고속 인터넷 서비스를 이용할 수 있다. 이 네트워크는 학교에서 제공하는 IT서비스를 통해 운영된다. 난양공대 연구원은 연구용 컴퓨터를 지급받는데, 허가받은 프로그램 외에는 설치가 금지돼 있다. 외부에서 교내 전산망에 스팸 메일을 발송하는 경우에도 발빠르게 위험 요소를 제거하는 등 안정적인 IT인프라 관리에 역점을 두고 있다. IT인프라가 교육의 수준과 질에 직접적으로 영향을 미치기 때문이다.

난양공대는 2000년 최대 초당 11메가비트Mbps를 전송하는 교내 무선망을 구축할 정도로 IT인프라 측면에서 강점을 보였다. 난양공대 학생들은 강의노트도 온라인으로 확인한다.

김태형 난양공대 교수 … "싱가포르는 IT인프라가 세계적인 수준이다. 난양공대 역시 다양한 IT인프라를 실제 교육에 접목하려는 시도를 많이 하고 있다."

러닝 허브, 21세기 최고의 교육 환경

난양공대 캠퍼스는 독특한 건물 디자인이 특징이다. 2015년 세워진 '러닝 허브Learning Hub' 건물은 중앙 아트리움과 정원 공간을 타원형 교실이 둘러싼 형태로 평면을 쌓아 올렸다. 영국의 유명 디자이너 토머스 헤더윅이 아시아에 첫 번째로 디자인한 건물로 난양공대의 명물로 이름나 있다. 러닝 허브는 8층, 연 면적 1만 4,000m^2로 건물 안에 56개 스마트 교실이 있으며 이곳에서 난양공대가 지향하는 상호작용형 수업이 이루어진다.

러닝 허브 설계자는 정보화 시대에 가장 중요한 사회는 학생과 교수가 만나는 대학 캠퍼스라고 생각했다. 미래 지향적인 건물에서 공부하는 학생들은 사고도 과거와 현재보다는 미래를 꿈꾸게 된다는 설명이다. 학생들은 이곳에서 새로운 기업가 정신을 배우고 혁신과 사회적 의식을 키워 나간다.

캄 찬 힌 난양공대 교수 … "러닝 허브는 21세기 학생을 교육하는 세계 최고의 교육 환경을 갖추고 있다. 다양한 전공의 교수와 학생, 연구원이 모여 협력할 수 있다."

난양공대는 철저히 실무형 교육을 지향한다. 학부생의 경우 3학년이 되면 한 학기를 통째로 인턴십에 할애한다. 최대 6개월 동안 기업에서 인턴 과정을 수료하면서 자연스럽게 실무 경험을 쌓는다. 일부 학생들은 해외 인턴십에도 참가한다.

인턴십 프로그램은 학교 설립 초창기부터 유지되고 있는데, 기업들의 전폭적인 지지와 인력 수요가 영향을 미쳤다. 학생들은 인턴십에서 쌓은 경험과 선·후배간의 네트워킹을 하고 실무형 커리큘럼을 이수한다. 글로벌이머전 프로그램를 통해 학생들은 중국, 인도, 베트남 등의 국가에서 언어부터 문화, 역사를 배울 수 있다.

이러한 인턴십 프로그램은 졸업생의 90%가 졸업 후 한달 내에,

난양공대 건물은 독특한 디자인뿐 아니라 첨단 강의 시설을 갖춰, '스마트 강의실'을 구현하고 있다.

나머지 학생은 넉달 내에 구직에 성공하는 긍정적 효과를 내고 있다. 해외교환 학생 프로그램도 시행 중인데, 현재 학부생 2명 중 1명이 해외 대학에서 공부할 수 있는 기회를 얻고 있다.

🏫 캠퍼스는 살아 있는 실험실

난양공대는 글로벌 기업과의 산학 협력에 적극적이다. BMW, 롤스로이스 같은 자동차 회사는 물론 보쉬, 도레이 등과도 공동 연구를 진행한다.

2015년 6월, 난양공대는 BMW의 전기자동차 i3와 플러그인하이브리드 스포츠카 i8을 활용한 연구를 시작했다. BMW는 세계 8개 대학과 전략적 파트너십을 맺고 있는데 난양공대도 이 중 하나다.

미래모빌리티연구소는 BMW가 동남아시아에 처음 설립한 조인트 랩으로 난양공대 캠퍼스 안에 자리하고 있다. 2013년 4월에 총 550만 달러의 연구자금으로 시작한 이 연구소는 아시아에서 전기차 연구와 스마트 소재 개발에 집중하고 있다.

미래모빌리티연구소에서는 BMW의 i 차량을 가지고 실생활에서 운전자의 습관이나 각종 데이터를 수집하고, 교통량이나 운행 시간과의 관계를 분석한다. 싱가포르는 세계적으로 인구집적도가 가장 높은 나라 중 하나인 만큼, 전기차나 플러그인하이브리드차량이 교통수단으로 어떤 역할을 할 수 있는지 살펴보는 데 적합하다.

람 킨 영 난양공대 부총장 … "우리는 캠퍼스를 살아 있는 실험실로 바꾸는 작업을 추진 중이다. 싱가포르 최대 태양광 발전 시설이 들어서 있고, BMW의 전기자동차도 시험하고 있다."

BMW … "우리는 난양공대 연구진의 높은 경쟁력 덕분에 파트너십에 만족하고 있다. 공동 연구가 전기차, 하이브리드차에 대한 이해를 높이고, 양측의 협력을 공고히 하는 계기가 될 것이다."

난양공대는 미국 항공우주 · 방위 업체 록히드마틴 연구진과 함께 나노구리 기술 플랫폼을 개발하고 있다. 난양공대 연구팀은 4년간 1,000만 싱가포르달러의 연구자금을 지원받는데, 해외 기업이나 연구진과의 공동 프로젝트 경험이 싱가포르를 연구 허브로 만드는 원동력이 되고 있다.

네덜란드 반도체 회사인 NXP는 2015년 4월 난양공대와 '스마트 모빌리티 테스트 베드'를 구축한다고 발표했다. 싱가포르 경제개발위원회의 지원으로 진행되며, 싱가포르의 스마트모빌리티 2030 비전 실현을 위한 발판이 될 것으로 기대를 모으고 있다.

🏫 학생수 3만 2,500명… 종합대학으로 발전

북위 1도에 위치한 싱가포르는 일 년 내내 낮 최고 기온이 30도를 웃도는 전형적인 열대성 기후를 갖고 있다. 크리스마스 시즌에도 눈은 커녕 땀을 뻘뻘 흘리면서 반팔을 입어야 한다.

난양공대는 1991년에 설립돼 역사가 30년도 안 되지만 학생수는 3만 2,500명 석·박사과정 포함에 달하는 대형 대학이다. 공대에는 총 1만 6,000명의 학생이 있으며, 교수와 직원만 2,000명에 달한다. 메인 캠퍼스는 싱가포르의 남서부인 주롱 지역에 자리 잡고 있는데 면적이 2.0km²로 매우 넓다.

설립 초기, 난양공대는 이공계 대학을 중심으로 출발했다. 하지만 현재는 비즈니스 스쿨과 아트·디자인·미디어, 그리고 의대까지 설립하면서 종합 대학으로 발전하고 있다.

난양공대는 비록 이공대라는 이름을 가지고 있지만, 인문사회학과 사회과학, 경영 분야의 수준도 세계적으로 인정받고 있다. 실제 경영대학원은 EQUIS European Quality Improvement System 인증과 AACSB Association to Advance Collegiate Schools of Business 인증을 동시에 획득한 아시아 4개 대학 중 하나다. 또한 싱가포르 국가 연구재단 National Research Foundation NRF에서 지원하는 두 개의 연구센터 Research Center of Excellence: Earth Observatory of Singapore and Singapore Centre on Environmental Life Sciences Engieering를 유치했다.

NRF에서는 이 두 연구소에 10년간 각각 1억 5,000만 싱가포르달러를 지원한다.

난양공대는 영국 교육평가기관 QS가 집계한 2015~2016년 세계 대학 순위에서 13위를 기록했다. 《US 뉴스&월드리포트》에 따르면 2014년 10월 기준으로 난양공대의 공과대학College of Engineering은 세계 5위를 기록했다. 항공우주, 기계, 전기, 도시 공학에 이르는 다양한 분야에서 우수한 논문들이 많이 나온 덕분이다. 《톰슨로이터》에 따르면 2010년 기준으로 난양공대는 세계 1,084개 대학 중에서 논문인용수 8위5,912건를 기록했다.

이 같은 성과는 싱가포르에 난양공대 같은 세계적 대학을 육성하겠다는 전략과 강력한 지원에서 비롯됐다. 우수 교수진과 연구원 유치, 수준 높은 연구와 논문 성과 등이 오늘날 난양공대를 만든 원동력이다.

버틸 앤더슨 난양공대 총장 … "이는 대단한 업적이며, 교육과 연구에서 난양공대의 글로벌 입지를 나타내는 지표다."

13억 인구의 대국大國 중국 공산당 간부들은 1990년대 초반부터 싱가포르로 유학을 많이 왔다. 인구가 200분의 1도 안되는 도시 국가에서 일반인도 아닌 공산당 간부들이 무엇을, 왜 배웠던 것일까?

난양공대의 스마트 강의실은 LED 스크린을 비롯한 첨단 시설을 갖추고 있다.

싱가포르는 1인당 국민소득이 5만 6,319달러에 달하는데다 정부 주도의 경제성장과 부패척결에 성공한 나라다. 게다가 교육시스템이 잘 갖춰져 있다. 싱가포르를 대표하는 두 대학^{난양공대와 싱가포르국립대}은 세계 100대 대학 순위에서 빠짐 없이 상위권에 이름을 올리고 있다.

난양공대는 1997년부터 중국 시장市長의 연수를 위한 '중국 시장고급연수반'을 개설했고, 1998년에는 중국어로 수업하는 '관리경제학 석사과정'도 만들었다. 2005년부터는 공공관리대학원을 설립해 중국 공무원의 전문적인 교육에 나섰다. 20년간 난양공대를 거쳐간 중국 공무원수만 1만 3,000여 명에 달한다. 주로 싱가포르의 고위 관료, 국회의원 출신들이 이들을 교육했는데 싱가포르의 경제부터 공공관리, 환경보호, 반부패 등의 정책을 가르쳤다.

🏫 글로벌 대학과 손잡고 함께 발전

난양공대가 단시간에 명문대학으로 발전할 수 있었던 데는 해외 명문대학과의 활발한 교류와 협력이 큰 역할을 했다. 미국 MIT, 스탠퍼드대, 코넬대, 카네기멜론대는 물론이고 독일 뮌헨공대, 중국 베이징대, 일본 와세다대 등이 난양공대와 손을 잡은 대표적인 학교들이다.

난양공대는 2009년 최신 과학기술 연구를 위한 7개 명문대학의 모임인 글로벌공대얼라이언스 Global Alliance of Technological Universities의 설립을 주도했다. 여기에는 미국의 칼텍, 조지아공대, 영국 임페리얼컬리지 등이 소속돼 있다.

2011년에 이스라엘 예루살렘히브리대, 벤구리온대와는 에너지 및 수질관리를 위한 나노물질을 개발하는 연구프로그램을 추진했다. 이 프로그램은 'NEW CREATE Campus for Research Excellence and Technological Enterprise'로 불리는데 에너지 변환에 사용되는 나노물질을 개발하고 햇빛을 열로 전환하는 탄소나노튜브 코팅을 설계한다. 나노물질 기반 광학 센서와 화학 센서는 물 속의 독성 화합물을 골라내는 선택성과 고감도를 갖출 수 있다. 3개 대학 69명의 연구진이 이 프로그램에 참가했는데, 200편 이상의 과학저널 논문과 40건 이상의 특허를 확보했다.

2013년에 설립된 리콩첸의대는 영국 임페리얼컬리지와 협력으로 탄생했다. 5년제 과정인 리콩첸의대는 의학의 과학적 기초는 물론 경영과 기술까지 공부한다. 국가 헬스케어 그룹과 파트너십을 맺었으며, 4억 달러의 기부금을 유치했다. 2018년에 첫 졸업생을 배출하며 싱가포르 내 의료서비스의 수준을 높이는 데 기여할 것으로 기대를 모으고 있다.

🏛 외국인의 천국… 다국적 문화 흡수가 장점

오늘날 싱가포르의 과학기술 발전은 외국인 유치 전략이 큰 효과를 봤다고 해도 과언이 아니다. 싱가포르 자국 출신의 경우, 박사학위를 받고 모교에 남는 사례가 많지 않아 해외에서 연구자나 촉망받는 연구인력을 데려올 수밖에 없다. 이런 특성 때문에 난양공대는 외국인에 대한 차별이 존재하지 않으며, 전폭적인 지원을 통해 유학생들도 연구에만 전념할 수 있는 여건을 조성하고 있다.

특히 난양공대의 급성장에는 외국인 총장 영입을 통한 과감한 대학 개혁이 한몫했다. 2007년, 난양공대는 스웨덴 출신으로 노벨화학위원회 대표를 역임한 생화학자 버틸 앤더슨 박사를 부총장으로 영입했다. 그는 2006년부터 2010년까지 노벨재단 평의회에서 활동하며 노벨화학상 수상자 선정 작업에 참여했다. 세계적 화학자로 유럽과학연합회장과 스웨덴 린셰핑대 총장 등도 역임한 인물이다. 난양공대는 2011년 앤더슨 박사를 총장에 앉혔다.

앤더슨 총장은 취임 후 연구성과가 낮은 교수 30%를 구조조정하고, 교수 정년 보장 테뉴어 심사를 미국보다 엄격하게 바꿨다. 글로벌 수준의 연구성과를 낸 해외 학자도 대거 유치에 나섰다. 난양공대는 현재 교수진의 70% 이상, 석사·박사 학생의 60%가 외국인이다. 교수에 대한 전폭적인 지원은 난양공대에 경쟁력 있는 학자들이 몰리는 이유다.

배태현 난양공대 화학 및 생체분자공학 교수 … "화학공학·환경 분야의 연구비 지원은 미국이나 한국보다 싱가포르가 좋다. 경력이 짧은 젊은 교수도 책임연구자principal investigator가 되면 굵직한 연구프로젝트를 진행할 수 있다."

난양공대는 140여 개국 출신의 학생들로 구성된 하나의 거대한 집단이다. 다양한 인적 구성은 글로벌 네트워크를 구축했으며, 국제화에도 도움이 됐다. 19만 명의 동문은 거대하면서도 긴밀히 연결돼 있다. 44개국에서 난양공대 동문회가 결성될 정도로 활동도 왕성하다.

싱가포르 정부는 신성장동력 발굴을 위해 해외에서 우수 인재를 데려오는 데 심혈을 기울인다. 정부가 5조 원을 출연해 만든 싱가포르 국가연구재단에서는 국적에 상관 없이 우수 연구자 10여 명을 선발해 순수 연구비로 300만 달러를 지원한다. 특히 싱가포르가 당면한 물 자급 문제와 같은 경우 정부의 지원이 더욱 많다고 한다. 난양공대 역시 정부의 이런 전략에 발맞춰 '지속가능한 지구'라는 명제를 기치로 삼고 수질, 대체 에너지원, 청정 기술, 도시 시스템 분야 연구에 집중하고 있다.

🏛 한국과의 남다른 인연

난양공대는 한국과도 인연이 있는 학교다. 산학 협력을 진행하고 있으며 앞으로 한국 관련 교과목도 개설할 계획이다.

2016년 1월 현대건설은 난양공대 캠퍼스 내에 공동연구소를 개소했다. 현대건설은 난양공대와 싱가포르 경제개발청에서 주관하는 5대 핵심 연구과제를 3년간 수행하기로 했다. 주요 연구과제는 싱가포르 산업부산물을 활용한 오염 준설토 재활용 기술 개발, 부유식 해상플랫폼 모듈 및 계류시스템 개발, 지하공간 공사를 위한 설계 기술 개발 등이다. 현대건설은 난양공대와의 공동 연구개발로 싱가포르 현지에서 건설사로서의 입지를 확고히 한다는 전략이다.

한국전력 경제경영연구원은 2015년 난양공대 경제연구센터와 전력 분야 국제 연구협력과 공동연구를 내용으로 하는 양해각서MOU를 체결했다. MOU는 아시아 전력경제경영 연구기관 간 연구협력 강화를 위한 '아시아 슈퍼 리서치 그리드Asia Super Research Grid'의 일환이다.

난양공대의 한국에 대한 관심은 여기서 그치지 않는다. 이르면 2017년 가을 학기부터 한국학 정교수직을 신설하고 '한국 현대 사회Contemporary Korean Society'라는 과목을 개설할 예정이다. 이를 위해 한국의 공공외교 전문기관인 한국국제교류재단과 협약을 맺었다.

인_터_뷰

윤호섭 난양공대 구조생물학&생화학부 교수

Q. 난양공대는 어떻게 단기간에 세계적 수준의 이공대학으로 발돋움했나?

윤호섭 … "대학을 구성하는 두 가지 요소를 비중으로 따지자면 Brain 사람이 70%, Brick 건물이 30%다. 한국에서는 건물을 먼저 짓고 사람을 뽑지만 싱가포르에서는 건물은 빌려 쓰고, 교수와 학생을 먼저 영입한다. 경쟁력 있는 교수가 학교에 있으면 성적이 우수한 학생이 찾아올 수밖에 없다. 그런 측면에서 난양공대는 교수 처우에 각별히 신경을 쓰면서 높은 급여와 복리후생 혜택을 부여한다. 조교수도 평균적으로 10만 달러 이상, 부교수는 13만~15만 달러, 정교수는 20만 달러 이상의 급여가 보장돼 있다. 여기에 주택자금, 자녀 학자금 보조 등도 주어져 외국인 교수들이 정착하는데 도움이 된다. 난양공대는 뛰어난 연구성과를 낸 교수를 뽑기

224 열대 우림 속에서 꽃피는 신흥 명문

위해 엄청난 투자를 하고 있다."

Q. 대학 발전에 총장의 리더십이 얼마나 중요한가?

윤호섭 ··· "싱가포르도 그렇고 해외 대학은 총장을 10년씩 한다. 아카데믹 리더십Academic Leadership을 중요시한다. 능력 있는 사람을 총장으로 뽑고 오랫 동안 맡기기 때문에 발전이 있다. 학과장에 해당하는 시니어 교수들은 주니어 교수의 인사, 평가, 보너스 등을 결정한다. 총장은 장기간 비전을 가지고 대학을 이끌 수 있다."

Q. 난양공대의 교수 시스템이 대학 발전에 도움을 주고 있나?

윤호섭 ··· "난양공대에서 정년보장을 받는 교수는 절반 정도에 불과하다. 그래서 젊은 조교수들이 열정적으로 연구하고, 이는 학생들에게도 긍정적인 영향을 미친다. 정년이 보장되었다고 해서 모두가 다 정교수로 승진하는 것이 아니다. 국제적 경쟁력과 명성이 있는 사람만이 정교수 승진 심사에 초청될 수 있다. 현재 난양공대는 정교수 숫자를 전체 교수 중 약 15%로 유지하고 있다."

Q. 난양공대가 최근 의대를 설립하고 종합대학으로 발전을 추구하고 있다. 어떠한가?

"최신 학문 자체가 융합·복합화 트렌드를 따르고 있다. 이러한 흐름 속에서 다른 학과와 교류가 많아지는 것은 긍정적이다. 신약 개발의 경우 생물학&생화학과와 의대의 협력이 필수적이라는 점에서 2013년에 설립된 리콩첸의대와 시너지 효과를 낼 수 있다."

Q. 난양공대는 세계 일류 대학과의 교류를 통해 발전해 왔다. 어떠한가?

윤호섭 … "싱가포르가 아시아에 있지만 스탠더드Standard는 세계 일류를 지향한다. 대학도 세계 톱클래스 반열에 올라야 한다는 생각으로 육성하기 때문에, 세계 일류 대학과의 교류가 활발하고 분위기와 사람들의 생각이 국제화되어 있다. 생물학 전공의 경우 교수진의 70%가 외국인이다. 싱가포르 자체가 글로벌 시티이니 학생들은 굳이 밖으로 나가지 않아도 세계를 경험할 수 있는 기회를 얻는 셈이다."

Q. 대학과 지역이 함께 발전해야 시너지 효과를 기대할 수 있다고 본다. 어떠한가?

윤호섭 … "싱가포르에 다국적기업 7,000곳이 진출해 있는데, 이들에게 인력을 공급하기 위해서는 양질의 인재 양성이 필수다. 글로벌 제약사 머크가 싱가포르에 진출하는데 인력 공급이 가능하느냐는 문의에 싱가포르 정부는 '가능하다'고 답했다. 한국처럼 대학의 정원이 정해진 것이 아니라 국가의 경제성장과 발전상황에 따라 매년 대학 입학 정원이 달라진다."

종류 **공립 종합대학**
설립 **1885년**
위치 **미국 애틀랜타**
교훈 **Progress and Service** (진보와 봉사)
학생수
학부생 **1만 5,489명**
대학원생 **1만 1,350명** (2016년)

온라인 교육혁명 주도하는
미 남부 신흥 명문

조지아공대

미국 《비즈니스인사이더》는 미국에서 가장 스마트한 공립대학 1위로 조지아공대Georgia Institute of Technology를 꼽았다. 조지아공대는 조지아주에 있는 대표적 공대로서 주차원의 전폭적인 지원을 바탕으로 각 분야에서 뛰어난 성과를 내는 학생들이 몰려들고 있다. 최근 들어 전 세계 대학가에 부는 온라인 교육혁명 MOOCMassive Open Online Course·온라인공개강좌의 선봉장에 선 조지아공대. 창업의 요람으로 부상하는 애틀랜타에서 새로운 가능성을 보여 주고 있다.

미국에서 가장 스마트한 공립대학으로 선정되기도 한 조지아공대.

🤖 사람만큼 똑똑한 인공지능 조교

조지아공대의 컴퓨터전공 아쇽 고엘 교수는 2015년 대학원생들과 '질 왓슨'이라는 인공지능 조교 시스템을 만들었다. 미국 IBM사의 인공지능 컴퓨터 왓슨을 기반으로 온라인 수업에 특화된 가상 조교를 완성해 냈다.

2016년 1월, 질 왓슨은 실제 조지아공대가 진행한 온라인 수업에 등장했다. 학생 300명 사이에서 활동한 왓슨은 학생들이 전혀 눈치채지 못할 정도로 완벽하게 자신의 역할을 해냈다. 온라인 게시판에서 학생들과 의사소통했으며 학생이 보낸 질문에 대답하고

조지아공대의 컴퓨터전공 아쇽 고엘 교수는 2015년 대학원생들과 '질 왓슨'이라는 인공지능 조교 시스템을 만들었다.

쪽지 시험이나 토론 주제도 내줬다.

흥미로운 점은 학생들 사이에서 가장 인기 있는 조교가 질 왓슨이었다는 사실이다. 왓슨에게 쏟아진 수업과 관련된 질문은 무려 1만 개에 달했는데 왓슨은 학생들이 궁금해 하는 질문에 40%를 답변했다. 인간 조교라면 시간에 쫓기거나 고민하는 데 많은 시간이 필요하겠지만 인공지능 조교는 달랐다.

왓슨이 질문자의 의도를 잘못 파악하거나, 틀린 답을 주는 경우는 거의 없었다. 고엘 교수팀은 학생들의 답변에 대비하기 위해 4만여 개의 답변을 미리 준비했는데, 이 정도면 학생들의 궁금증을 충분히 해소할 수 있는 정도라 판단했기 때문이다.

특히 왓슨은 대답의 정확성이 97% 이상일 때만 답변을 하도록 설계됐다. 과거 수업에서 오갔던 게시물을 스스로 학습하고, 답변의 정확성과 의사소통 능력을 높였다. 속어를 섞어 쓰는 등 사람처럼 의사소통도 아주 자연스러웠다.

물론 왓슨이 처음부터 제 기능을 한 것은 아니다. 수업 초기에는 이상한 답변을 보내 와 학생들의 의심을 사기도 했다. 하지만 어느 정도 학습력을 갖춘 후에는 실제 조교 수준의 능력을 보였다. 이런 이유로 학생들은 의심의 여지 없이 왓슨이 조지아공대 박사 과정에 재학 중인 20대 백인 여성이라고 생각했다.

고엘 교수가 왓슨의 정체를 밝혔을 때 학생들은 깜짝 놀랐다. 학생들은 인공지능 관련 강의를 수강하기 때문에 인공지능이 자

아쇽 고웰 조지아공대 교수는 자신의 수업에서 인공지능 조교 '질 왓슨'을 활용했다.

신들을 가르칠 수 있다고 상상해 봤지만, 왓슨이 인공지능이라고 확신한 학생은 단 한 명도 없었다. 학생들의 반응은 엇갈렸다. 왓슨과의 대화를 즐겼다는 부류와 교수가 거짓말을 해서 불쾌하다는 반응으로 나뉘었다.

조지아공대의 흥미로운 실험은 향후 온라인 수업에서 사람을 대신한 인공지능 조교가 충분히 제 역할을 할 수 있다는 가능성을 열어 줬다.

🏫 온라인 교육 혁명의 선봉장

《월스트리트저널》은 2013년 10월 29일 기사에서 미국 정상급 대학인 조지아공대 Georgia Institute of Technology가 MOOC Massive Open Online Course·온라인공개강좌로 컴퓨터과학 석사학위를 딸 수 있는 프로그램을 만들었다고 전했다. 정식으로 학교에 입학하면 수업료로 4만 4,000달러를 내야 하지만, MOOC에서는 수업료로 6,600달러만 낸다. 온라인 수업료가 오프라인 수업료보다 85%나 저렴하다. 조지아공대에 따르면 온라인 석사과정에는 세계 80개국, 미국에서는 50개 주 학생들이 지원했다.

MOOC는 누구나 쉽게 꿈꿀 수 없는 명문대의 입학 문턱을 낮췄다. 조지아공대 컴퓨터과학 석사과정의 경우 입학생의 70%가 외국인이다. 전 세계에서 수재들만 모이는 학교로 미국 시민권자들은 오히려 입학이 어렵다는 불만이 제기됐다. 실제 오프라인 과정의 경우 1,371명이 지원해 128명의 합격자만 배출했다. 합격률은 9%에 그쳐, 지원자 11명 중 1명만 캠퍼스를 밟을 수 있었다. 명문 이공계 대학의 좁은 입학 문호는 때로는 인종차별 등의 논란까지 일으킨다.

반면 MOOC는 지원자의 출신 성분을 물을 이유가 없다. 조지아공대가 운영한 온라인 과정은 2,359명의 미국 시민권자 중 1,854명79%이 입학에 성공했다. 조지아공대 컴퓨팅공학부 측은 1만 명까지 학생 수가 늘어날 것을 대비해 수업에 필요한 온라인 채팅 토론 지원 인력도 확대했다.

조지아공대는 물론 AT&T와 파트너십을 맺고 MOOC 프로그램을 만든 유다시티 Udacity의 세바스찬 드룬 Sebastian Thrun CEO는 이렇게 말한다.

세바스찬 드룬 유다시티 CEO … "미국 안에서도 직장생활을 하면서 학위를 취득하고 싶은 사람이 많지만, 그 욕구를 만족시킬 수 있는 수단은 부족했다. MOOC 확산은 꼭 필요한 일이다."

지금 조지아공대는 전 세계 대학가에 부는 온라인 교육혁명의 선봉장 역할을 하고 있다.

🏠 애틀랜타 올림픽 빌리지

조지아공대가 위치한 지역은 1996년 애틀랜타 하계올림픽 선수촌이 있던 곳이다. 애틀랜타 올림픽의 많은 경기가 조지아공대 체육관과 수영장에서 진행됐다. 당시 선수촌 용도로 신축된 건물은 지금 학생들의 기숙사로 활용되고 있다.

조지아공대가 4,750명을 수용할 수 있는 기숙사를 확보하기 위

미국 남동부 대도시 애틀랜타에 위치한 조지아공대 캠퍼스는 현대적인 느낌의 건물이 많다.

해 지불해야 하는 예산은 2억 달러에 달했다. 이 중 4,700만 달러는 애틀랜타 올림픽경기위원회가 충당했으며, 나머지 자금은 조지아주 예산에서 따왔다. 이밖에 수영장과 다이빙 센터는 2,400만 달러에, 대경기장은 1,200만 달러에 조지아공대로 소유권이 넘어갔다.

일각에서는 올림픽을 위해 건설한 시설을 돈을 받고 학교에 넘겼다는 비난도 있었다. 그러나 조지아공대는 올림픽이라는 역사적 스포츠 이벤트가 남긴 유산을 학교의 시설로 확충해 발전시켜 나가고 있다.

웨인 클라프 전 조지아공대 총장 ···"조지아공대는 학생들에게 최첨단 기숙사를 제공하고 있고, 이는 학교에 큰 이득이 됐다. 조지아공대는 올림픽 후에 상당한 돈을 빌려야 했지만 애틀랜타 올림픽 덕분에 성과를 거둘 수 있었다."

올림픽은 애틀랜타의 많은 것을 바꿔 놓았다. 중심가는 급성장했고, 건물과 아파트, 호텔 등이 차례로 들어섰다. 애틀랜타는 전 세계적인 인지도를 얻어 도시를 찾는 관광객과 사업 종사자들도 급증했다. 이런 애틀랜타의 발전은 조지아공대에도 영향을 미쳤다. 컴퓨터 공학으로 유명한 대학이 세계적 수준의 부대시설과 기숙사 등을 갖춰 업그레이드 되었다.

이재형 KAIST 교수(전 조지아공대 교수) ⋯ "애틀랜타 올림픽 개최 이후 조지아공대는 한인들 사이에서 인지도가 높아졌고, 결과적으로 한인 학생들의 진학률도 높아졌다."

존 앤디컷 우송대 총장(전 조지아공대 교수) ⋯ "조지아공대에 머무는 18년간 학교가 크게 변화하는 계기가 두 번 있었다. 그 첫 번째가 1996년에 애틀랜타가 올림픽을 유치하고 난 후 학교 전체가 올림픽 빌리지가 되어 올림픽을 치른 것이다."

한편, 존 앤디컷 총장은 애틀랜타 올림픽 이후 웨인 클로프 전 총장이 취임하면서 조지아공대는 한번 더 변혁의 계기를 맞았다고 말한다. 클로프 전 총장은 학생들이 양쪽 두뇌를 모두 사용할 것을 권했다. 이를 위해 신입생을 선발할 때도 학업 성적만 보는 것이 아니라 악기를 다룰 수 있는지도 지켜봤다. 공부만 한 학생보다는 다방면에 관심이 있는 인재를 발굴하고 키우기 위해 노력했다.

🏛 세계 공대 순위 7위⋯졸업은 '탈출'

조지아공대의 역사는 미국 남북전쟁 이후로 거슬러 올라간다. 전쟁 이후 경제 재건을 위해 1885년 설립된 조지아기술학교가 모태다. 설립 초기에는 기계공학만 교육하다가 이후 전공을 늘리고 규모를 키웠다. 오늘날에는 6개 단과대학과 31개 학과로 구성돼 있다. 공학을 중심으로 컴퓨팅, 경영, 과학, 건축 등의 전공 분야를 운영 중이다.

중국 상하이교통대가 발표하는 2015년 세계대학학술순위 Academic Ranking of World Universities에 따르면 조지아공대는 글로벌 톱 5퍼센트 공대 중 7위를 기록했다. 컴퓨터과학 22위, 화학 28위, 수학 38위 등을 기록했다. 산업공학은 미국 내에서 정상급 수준을 달린다. 항공우주공학과 기계공학, 전기전자컴퓨터공학, 생명의학공학, 도시공학 등의 분야에서도 강점을 가지고 있다.

조지아공대는 애틀랜타 외에도 세계 각지에 캠퍼스를 두고 있다. 미국에서는 조지아주 사바나 Savannah에 캠퍼스가 있으며, 프랑스 메츠 Metz, 중국 상하이, 싱가포르 등에 분교를 두고 있다.

2015년 가을학기 기준으로 조지아공대에 재직 중인 교수는 1,140명에 달한다. 각 분야에서 뛰어난 성과를 내고 있는 우수한 교수가 많은 것이 조지아공대의 장점이다.

배태현 난양공대 교수(조지아공대 박사)··· "조지아공대는 주 정부의 막대한 투자로 급격히 성장한 학교다. 교수 연봉이 높아서 우수 인재를 초빙했고, 투자도 많이 한다."

MIT나 칼텍 같은 미국 명문 이공계 대학이 사립인데 반해 조지아공대는 공립이다. 조지아공대는 조지아 주에 있는 대표적 공대로서 주 차원의 전폭적인 지원을 받고 있다. 여기에 미국 남동부에서 공학을 전공하고 싶은 우수 학생들이 몰려든다.

미국 경제매체인 《비즈니스인사이더》는 미국에서 가장 스마트한 공립대학의 1위로 조지아공대를 꼽았다. 조지아공대는 공과대학이지만 학생수가 종합대학 수준인 2만 5,000명에 달한다.

장승순 조지아공대 교수 … "공대 규모로만 본다면 조지아공대는 미국 전체에서도 가장 크고 분야의 다양성을 자랑한다."

김필은 조지아공대 한국학생회 회장(23대) … "학생수가 많다는 것은 학교가 크고 교수진도 다양하다는 의미다. 그만큼 조지아공대생들은 다양한 사람을 만날 수 있는 기회가 많다."

조지아공대는 연구성과가 뛰어난 학교지만 그 명성만큼이나 학생들의 학업 스트레스가 상당하다. 2001년 《프린스턴 리뷰》는 미국 내에서 가장 공부가 힘든 10개 대학을 선정했는데, 조지아공대도 포함됐다. 2010년 《데일리 비스트》 역시 조지아공대를 미국에서 스트레스가 심한 50개 대학 중 하나라고 소개했다.

조지아공대 학생들은 잠자는 시간을 줄여야 하며, 공부에 매진하기 위해 사회활동도 줄여야 한다. 이런 이유 때문에 학생들은 졸업을 '탈출getting out'이라고 표현한다.

🏠 산업의 요람으로 부상하는 '애틀랜타'

조지아공대의 산업공학과가 눈부신 발전을 할 수 있었던 데는 미국을 대표하는 항공사인 델타항공의 본사가 애틀랜타에 위치한 영향이 컸다. 교수진과 학생들이 공동 연구 프로젝트를 수행하면서 연구경험을 쌓고 우수 인재도 몰려들었다.

《USA투데이》는 2013년 2월 13일 기사에서 애틀랜타의 창업 열풍을 집중 보도했다. 기술 창업이 활발하게 일어나는 일명 애틀랜타를 '핫틀란타Hotlanta'로 비유했다. 남부를 대표하는 새로운 실리콘밸리가 바로 애틀랜타다.

애틀랜타는 인구가 600만 명에 달해 미국 내에서 아홉 번째로 큰 대도시다. 코카콜라, UPS, 홈디팟Home Depot, 터너 방송 같은 기업의 본사가 있다. 독일의 자동차회사 메르세데스 벤츠도 뉴저지에 있는 미국 본사를 애틀랜타로 옮긴다. 애틀랜타는 자동차 공장이 많은 앨라배마와 가깝기 때문이다. 애틀랜타에는 독일 스포츠카 브랜드인 포르쉐의 미국 본사도 있다.

스테판 캐논 메르세데스 벤츠 미국 CEO…"과거 50년간 뉴저지는 미국에서 사업을 하는데 최적지였다. 우리는 앞으로 수십 년간 지속 가능한 성장과 효율을 추구하기 위해 애틀랜타로 이전을 결심했다."

애틀랜타의 가장 큰 장점은 10만 달러면 교외에 사무실을 마련할 수 있고, 직원들의 인건비도 높지 않다는 것이다. 그래서 이곳을 찾는 기업인들이 많다.

존슨 쿡 애틀랜타 테크빌리지 매니징 디렉터…"우리의 목표는 향후 10년 안에 애틀랜타를 기술 창업을 위한 미국의 10대 도시 중 하나로 만드는 것이다"

벤처기업을 추적하는 앤젤리스트 사이트에 따르면 애틀랜타 지역에만 363개 기술벤처가 활동하고 있다. 전미벤처캐피털협회는 애틀랜타는 2012년에만 54개 기업이 투자금을 유치해 미국 내에서 열두 번째를 기록했다고 분석했다. 이는 1,146개의 실리콘밸리에는 부족하지만 덴버50개보다는 많은 숫자다.

많은 사람들은 벤처창업에서 후발주자인 애틀랜타가 10위권에 진입하는 것은 시간 문제라는 분석을 내놓고 있다. 지금보다는 앞으로의 미래를 열 잠재력이 충분하다는 평가를 받고 있기 때문이

조지아공대의 산업공학과가 눈부신 발전을 할 수 있었던 데는 산업의 요람으로 부상하는 '애틀랜타'가 있었다.

다. 그 중심에는 조지아공대에서 배출되는 우수 이공계 인재들과 이들이 창업하는 기업이 있다.

스테판 플레밍 조지아공대 부총장 ⋯ "조지아공대는 회사에 직접 투자를 하는 대신 창업의 기반을 닦고 일자리 창출을 할 수 있게 지원하고 있다."

🏠 미국에서 가장 큰 산학 협력 프로그램 운영

조지아공대는 산업계와의 유대관계를 중요시한다. 실용적인 학문을 추구하는 학풍은 산학 협동 교육과 인턴십 프로그램으로 이어지고 있다.

1912년에 시작된 'Division of Professional Practice DoPP'는 미국에서 가장 큰 산학협력 프로그램이다. 학생들은 각자 자신의 상황에 맞는 프로그램을 설계해 학교 대신 실무에서 필요한 지식과 경험을 쌓는다. 대학원생을 대상으로 하는 'The Graduate Cooperative Education Program'은 1983년에 시작됐는데, 미국에서 가장 큰 산학협력 프로그램으로 알려져 있다. 석사과정이나 박사과정 학생은 최대 2개 학기 연속으로 이 프로그램을 이용해 기업에서 일할 수 있다. 이러한 프로그램들은 학생들의 자발적인 지원으로 진행되는데, 3,000명 이상이 참가하고 있으며 1,000개 외부 기업, 기관들이 협력하고 있다.

조지아공대는 2015년 8월 세계 최대 반도체회사 인텔과 함께 파트너십 강화 계획을 발표했다. 인텔이 2020년까지 500만 달러를 투자해 엔지니어와 컴퓨터 과학자를 육성한다는 계획이다. '인텔 다양성스칼라 프로그램'은 멘토링과 장학금 지원, 전문적인 워크숍을 통해 1,000명의 학생에게 혜택이 돌아가는 프로그램이다.

게리 메이 조지아공대 공학부 학부장 ⋯ "조지아공대는 소수의 공학 전공 졸업생을 육성하는데 선구자 역할을 해 오고 있다. 인텔과의 협력을 기쁘게 생각한다."

'RISE Retaining Inspirational Scholars in Technology and Engineering'라는 프로그램은 재능 있는 소수 학생들을 재정적으로 지원한다. 인텔의 관심사인 전기공학, 컴퓨터과학, 컴퓨터공학 전공 학생에게 우선권을 부여한다.

미국을 대표하는 자동차회사 포드는 2011년 5월 조지아공대와 학교버스를 친환경 연료를 사용하는 하이브리드 차량으로 대체하는 파트너십을 맺었다. 포드가 5만 달러를 지원하고 조지아공대가 실행에 나선 이 프로젝트는 온실가스 배출을 절감하고 학교 통학 비용을 줄이는 것을 목적으로 삼았다. 특히, 하이브리드 차량은 16

인승으로 조지아공대의 마이클 리미 교수와 학생들이 직접 설계하고 개발했다.

로사린드 허드넬 인텔 인사담당 부사장 … "현장에서 일하는 엔지니어와 컴퓨터 과학자의 숫자를 늘리는 것은 기술산업의 파이프라인을 위해 매우 중요하다. 프로그램의 목적은 더 많은 여성과 소수의 인재들이 미래 기술 혁신을 이끌 수 있도록 돕는 것이다."

프랑스의 3D 소프트웨어 회사인 다쏘시스템은 2014년 초 조지아공대가 자사 3D 익스피리언스 플랫폼을 도입하게 됐다고 밝혔다. 교수와 학생을 포함한 1만 명이 3D 익스피리언스 플랫폼을 사용해 디지털 제조, 과학적 시뮬레이션, 협업이 가능해진 것이다. 플랫폼 도입은 조지아공대와 다쏘시스템이 과학, 기술, 공학, 수학을 아우르는 교육 프로그램 제휴를 맺은 지 12년 만에 이뤄졌다. 조지아공대의 통합 제품 주기 엔지니어링 연구소IPL · Integrated Product Lifecycle Engineering와 다쏘시스템은 클라우드 기반의 설계 및 제조 인프라를 통해 미래 엔지니어를 교육하는 모델 개발에 주력했다.

조지아공대 항공우주시스템설계연구실은 사이버 물리학적 시스템의 전문성을 가지고 엔지니어링 디지털 스레드Digital Thread라는 개념을 더한 새로운 학습과 작업 모델에 초점을 맞춰, 그래픽 기반 분석과 복잡한 시스템의 엔지니어링 의사결정을 교육과정에 포함시켰다.

필립 포헤스티 다쏘시스템 글로벌 사업 수석부사장 … "조지아공대 항공 우주시스템설계연구실은 미국 최고의 연구실 중 하나다. 이 곳 에서 일하는 엔지니어들은 기하학, 논리, 기능 등이 통합된 다 쏘시스템의 시스템 엔지니어링 기능을 사용할 것이다."

이런 산학 협력을 기반으로 조지아공대는 학생들의 창업도 적 극 지원한다. 조지아공대는 스타트업 창업에서 미국 내 4위를, 특 허부문에서 8위를 차지했다. 'The Technological Innovation: Generating Economic Results TI:GER' 프로그램은 학생들의 아이 디어를 상업화하고 제품 출시까지 지원한다. 에모리대 법대와의 협력을 통해 공학, 과학 전공 학생들이 법, 경제, 경영 전공 학생들 과 팀을 꾸려 성과를 극대화하는 것이다.

한편, 조지아공대는 한국과도 인연이 있는데, 2014년 서울대 공대와 기계공학과 박사 공동학위제 협약을 체결했다. 서울대 공 대 기계항공공학부 학생은 박사과정시 1~2년간 조지아공대 강의 를 수강하고 공동 연구를 수행해 공동 학위를 취득할 수 있다. 학 위 논문 국제 공동 심사제를 통해 학위를 받을 수 있으며, 학위 취득기간도 단축된다. 이 협약은 서울대가 해외 대학과 공동학위제를 확대하는 발판을 마련해 준 것은 물론 학생 파견이나 교육·연구 등 공동학위에 들어가는 일부 경비를 BK21플러스 사업의 국제협력 경비에서 조달할 수 있는 장점이 있다.

로봇·드론·웨어러블 컴퓨터 연구 활발

조지아공대의 연구범위는 웨어러블 컴퓨터, 로봇, 드론 등 다양하다.

'개와 사람이 메시지를 보내며 대화할 수 있을까?' 생체계면 연구센터 BioInterface Research 이사인 멜로디 무어 잭슨 박사는 개들이 하는 말을 사람이 이해할 수 있는 조끼를 만드는 것이 목표다. 잭슨 박사는 구글의 웨어러블 컴퓨터인 구글 글래스에서 영감을 얻어 개를 위한 착용식 컴퓨터를 만들게 됐다. 조끼에는 센서가 부착돼 개가 코로 센서 부분을 터치하거나 조끼에 달린 레버를 입으로 잡아당기면 제어장치가 활성화된다.

연구팀에 따르면 2014년 8마리의 개를 대상으로 조끼를 입히고 센서 실험을 한 결과, 시스템을 가장 빨리 터득한 개는 27초 만에 적응했다. 제어장치가 동작하면 블루투스로 개가 전달하는 내용이 문자나 음성으로 변환, 조끼에서 보여지고 소리가 난다. 개가 후각으로 주인의 질병을 미리 감지, 경고 메시지를 내는 등 다양한 효과가 기대된다. 연구팀은 개들의 상호 작용을 촉진시키기 위한 '피도FIDO' 프로젝트를 진행 중이다. 피도는 음성·안면 인식, 지문, 홍채 등 생체인증 솔루션을 활용한 신기술로 연구팀은 반려견과 대화할 수 있는 수단을 확대한다는 계획이다.

대니얼 골드먼 조지아공대 물리학과 교수는 뭍에 올라온 최초의 고생물인 '익티오스테가Ichthyostega'를 연구하다가 의문을 품었다. 익티오스테가는 도롱뇽과 비슷하게 생겼지만 몸길이가 1.5m로 훨씬 크고 다리는 더 짧다. 지느러미보다 약간 긴 수준의 짧은 다리로는 경사가 조금만 있어도 모래나 진흙 위에서 움직이기 힘들어 보였다. 남아 있는 화석 몇 점만으로는 익티오스테가의 육지 생존 비결을 알아내기 어려웠다.

골드먼 교수는 익티오스테가의 특징을 가진 로봇을 3D 프린터로 직접 만들어 실험했다. 그 결과 익티오스테가의 동력원이 꼬리를 좌우로 움직이는 사실을 확인했다. 이 같은 내용은 과학학술지 《사이언스》 2016년 7월 자에 실렸다. 조지아공대는 화석에만 의존하던 고생물학 연구에 첨단 기술의 활용을 주도하고 있다.

2016년 7월에는 사람처럼 허리를 쫙 펴고 두 발로 자연스럽게 걷는 로봇 '두러스DURUS'가 등장했다. 로봇은 발을 땅에 디딜 때는 뒷꿈치부터 딛고, 앞으로 전진할 때는 앞꿈치로 땅을 차면서 전진한다. 심지어 신발까지 신고 사람과 같은 걸음걸이를 구사할 수

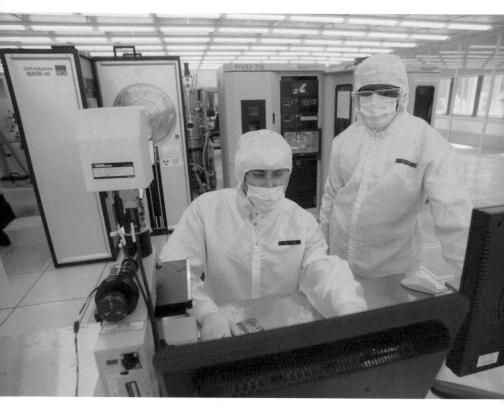

조지아공대의 융합 연구는 바이오, 재료, 전자, 나노 등 다양한 분야에서 활발하게 진행되고 있다.

있다. 기존 로봇들은 발을 들어 올리고 내리는 단순한 알고리즘을 이용하고, 몸의 균형을 유지하기 위해 구부정한 모습을 취한다.

연구진은 로봇의 발바닥을 평발이 아닌, 사람과 똑같은 아치형으로 만들었다. 발목과 발 사이에 스프링도 사용했다. 스프링은 뒷꿈치를 땅에 디딜 때 나오는 역학 에너지를 저장했다가 발을 들어 올리는데 쓴다. 사람의 힘줄 같은 역할을 한다. 로봇의 동작 효율은 보통 운송비용이라는 개념으로 측정한다. 물건을 이동시킬 때 효율을 측정하는 방법이다. 로봇이 사용하는 힘과 로봇의 무게 및 속도를 비교해 계산한다. 운송비용 값이 높을수록 효율이 낮은데, 연구진에 따르면 사람의 걷기는 운송비용이 0.2, 기존 휴머노이드 로봇은 3.0이다. 두러스는 1.4로 사람에는 못 미치지만 휴머노이드 로봇보다는 월등히 우수하다.

조지아공대는 CNN과 함께 드론무인비행기을 활용한 뉴스정보 수집에 대해서도 연구 중이다. 이른바 '드론 저널리즘'으로 불리는 이 기법은 미국 전역을 돌아다니며 정보를 수집하는 드론의 상업적 활용을 어디까지 제한할 것인지를 판단한다.

데이비드 비질란트 CNN 법률담당 수석부사장 … "우리의 목적은 지식을 공유하는 것이다. CNN과 다른 미디어들이 안전하게 새로운 기술로 정보를 수집할 수 있기를 기대한다."

이외에도 조지아공대에는 'Georgia Tech Research Institute GTRI'라는 연구기관이 있다. GTRI는 레이더, 전자광학, 재료공학 등에 강점을 갖고 있으며, 조지아공대가 수행하는 연구의 40% 정도를 담당하고 있다. 1700명 이상이 근무하고 있으며, 2014 회계연도의 매출이 3억 500만 달러 수준에 달한다.

생체공학&생명과학 연구기관인 파커 H. 페팃 연구소와 전자 및 나노기술 연구소, 전략적 에너지 연구소 등도 명성이 있는 곳이다. 9,000만 달러가 투자된 마르쿠스 나노기술 건물은 미국 남동부에서 가장 큰 연구시설이다.

🏛 미국 대통령부터 아폴로 16호 우주비행사까지 배출

조지아공대는 공학 중심의 학교지만 동문 구성은 매우 다양하다. 미국 대통령부터 과학자, 스타 운동선수까지 우리에게 친숙한 이름의 유명인들이 많다. 교훈인 '진보와 봉사'처럼 사회에서 선두에 나서고 국가에 봉사하는 동문들이 많은 것이 특징이다.

미국의 39대 대통령인 지미 카터는 조지아 출신으로 조지아주 지사를 거쳐 정계에 진출한 인물이다. 그는 미 해군사관학교에 입학한 후 남서조지아대에서 공부했으며, 조지아공대에서 수학 과목을 이수했다. 카터 전 대통령은 대북 특사로 한국과 북한을 수차례

조지아공대는 졸업식에서 풍선을 날리는 전통을 이어가고 있다.

다녀가 우리와도 인연이 깊다. 2002년에는 노벨평화상을 받기도
했다.

1993년 PCR 중합효소 연쇄반응 기술을 발전시킨 공로로 노벨화학상
을 수상한 케리 멀리스 박사는 조지아공대에서 화학을 전공한 후,
UC버클리에서 생화학 박사학위를 받았다. 파나마 대통령인 후안
카를로스 발레라는 조지아공대에서 산업공학을 전공했다. 이밖에
미국 통신회사인 AT&T의 CEO 데이비드 도만, 월마트의 CEO 마
이크 듀크도 조지아공대 동문이다. 1972년 아폴로 16호를 지휘했
으며, 달에 발을 내딛었던 존 영은 조지아공대에서 항공우주공학
을 전공했다.

조지아공대 동문들은 스포츠나 예술 분야에서도 두각을 나타내
고 있다. 1990년대 후반과 2000년대 초반 사이 PGA를 석권했던
데이비드 듀발은 조지아공대 남자 골프팀 출신이다. 메이저리그
올스타에 6번이나 선정된 노마 가르시아파라는 조지아공대 시절
의 활약에 힘입어 보스턴 레드삭스의 유니폼을 입고 뛰었다. 통산
211승을 자랑하는 메이저리그 투수 케빈 브라운 역시 조지아공대
야구팀을 거쳐 텍사스 레인저스의 유니폼을 입었다.

미국 대통령부터 우주 비행사까지 수많은 인재를 배출해 온 조
지아공대. 하지만 이들이 해결해야 할 숙제도 남아 있다.

이재형 KAIST 교수(전 조지아공대 교수) … "조지아공대는 공학 중심

학교라 자연과학이 상대적으로 약하다. 서부의 명문 공대인 캘리포니아공대처럼 노벨상 수상자 배출이 많지 않은 점이 아쉽다."

종류 **공립 연구중심대학**
설립 **1827년**
위치 **스웨덴 스톡홀름**
학생수
학부 **1만 4,500명** 대학원 **1,700명** (2009년)

노벨의 나라에서
북유럽 학문의 자존심을 지키다

스웨덴왕립공대

매년 12월이면 스웨덴의 수도 스톡홀름에서 문학·화학·물리학·경제학·생리의학 분야의 세계적 대가들이 모여 노벨상을 수여한다. 노벨상의 주최국인 스웨덴은 직접 노벨상 심사를 담당하는 만큼 높은 학문적 수준을 자랑한다. 이 중에서도 스웨덴왕립공대KTH·Kungliga Tekniska Hogskolan는 스웨덴 기술·공학 연구와 교육의 3분의 1을 차지할 정도로 학문의 중심이 되는 곳이다. 1827년에 설립된 스웨덴왕립공대는 북유럽의 중심 스웨덴을 대표하는 명문 이공계 대학으로 그 명성을 이어오고 있다.

모두 붉은 벽돌로 지은 스웨덴왕립공대 캠퍼스 건물은 낭만주의 양식을 띠고 있는데 겉으로 보기에 이곳이 대학이라고 믿기 어렵다.

논문심사는 전쟁같이, 졸업식은 축제처럼

　스웨덴왕립공대 졸업 과정에는 토론이 큰 영향을 미친다. 박사 과정을 마칠 준비가 된 학생은 교수와 상의해서 논문심사 준비에 들어간다. 이때 논문의 적격성을 토론할 상대opponent를 고르는데, 이 상대는 학생이나 지도교수와는 관계 없는 사람을 초청하는 것이 원칙이다. 토론 상대는 학교에서 체제비를 제공하는데 토론 참여 기회는 단 한 번 뿐이다. 애써 준비한 논문이 토론에서 실수를 할 경우 평가절하되는 어처구니 없는 일이 생기기도 한다.

　논문 심사 시간과 장소가 정해지면 5명의 심사위원이 별도로 지정되며, 이 중 의장chair도 지정된다. 심사위원은 스웨덴왕립공대를 비롯한 스웨덴과 해외 대학 인사산업체 종사자가 참여하는 경우도 있음들로 구성되며, 의장은 스웨덴왕립공대 내 학과 교수가 맡는다. 논문 심사는 대형 강의실에서 진행되는데 마치 '100분 토론'을 연상하게 한다.

　의장이 개회를 선언하면 심사의 대상인 학생은 1시간 내에 논문 내용에 대해 발표한다. 그러고 나서 토론 상대가 나와 학생과 일대일로 공격과 방어를 주고받는다. 논문에 대한 질문이 실시간으로 쏟아진다. 공격을 막아 내는 학생은 지도교수의 도움 없이 그동안 연구했던 학문적 탐구능력을 발휘해야 하는데, 공격이 끝나면 심사위원의 질문시간이 이어진다. 심사위원 질문시간에는 지도

교수가 도움을 줄 수 있는데, 심사위원 다음에는 청중들도 질문을 할 수 있다.

마지막으로 의장의 질문이 이어진 다음, 심사위원과 상대방 지도교수가 모여 합격pass과 불합격fail을 의논한다. 지도교수가 제자의 부족한 부분을 일정 부분 대변해 줄 수 있지만 비공개 회의의 결과를 뒤집기는 쉽지 않다고 한다. 합격과 불합격 여부를 발표하면서 논문심사는 막을 내리고, 합격자는 간단한 다과와 함께 축하를 받을 수 있는 기회를 잡게 된다.

세계 어느 대학이나 박사를 따는 건 그야말로 '하늘의 별따기'처럼 어려운 고난의 과정이다. 스웨덴왕립공대 역시 박사 한 명을 배출하기까지 인당 1억 원 이상의 투자는 물론 이처럼 엄격한 심사를 거쳐야 한다.

전쟁 같은 논문심사를 당당히 거친 박사과정 졸업생은 스톡홀름 시청에서 열리는 스웨덴왕립공대 졸업식에 참석할 수 있다. 남학생은 턱시도 차림으로, 여학생은 드레스 차림으로 한 사람씩 학위수여증을 받는데, 이때마다 축포가 터진다. 지인이나 가족들 역시 영예로운 행사에 참석하는 만큼 정장 차림으로 이를 지켜본다. 졸업식이 끝난 뒤에도 파티는 계속되는데, 이는 토론과 함께 파티를 좋아하는 스웨덴 사람의 전통이자 그동안 노력한 학생들을 축하해 주는 명예로운 세레모니다.

스웨덴왕립공대의 신입생 환영회도 특색이 있다. 신입생과 재

스웨덴왕립공대 도서관은 연구자료를 찾는 학생들이 캠퍼스 내에서 자주 들리는 곳이다.

학생은 강의실에 모여 신입생들이 제작한 동영상을 같이 보고 또 선배들이 만든 동영상도 시청한다. 재학생과 신입생이 햄버거 빨리먹기 내기를 하는 우스꽝스런 상황도 연출된다. 재학생은 작은 햄버거를 목에 냅킨을 두르고 우아하게 먹는 반면 신입생은 대형 햄버거를 준다. 뒷풀이에서는 와인과 간식 등이 제공되며, 노래도 같이 부른다. 새벽까지 이어지는 환영회에서 신입생들은 마지막 임무로 재학생을 찾아내, 학교분수에 빠뜨린다.

🏫 이론과 실무가 균형을 이룬 수업

스웨덴왕립공대는 1827년에 개교했다. 스톡홀름과 인근에 5개의 캠퍼스를 갖고 있으며, 1만 2,000명의 학생과 1,800명의 박사 과정 학생이 공부하고 있다. 직원 수는 3,700명에 달한다. 각각의 캠퍼스는 전략적으로 연구 분야에 따라 위치를 고려했다. 예를 들어 시스타Kista 캠퍼스는 시스타 ICT 허브에 자리잡고 있으며, 플레밍스버그Flemingsberg는 북유럽에서 의학 분야 연구산업 활동 캠퍼스로 유명하다.

학부생 기준으로 남학생과 여학생의 비중은 70 대 30 정도다. 석사의 경우 전공 특성에 따라 남여 성비가 달라진다. 건축은 여학생이 54%로 남학생46%보다 많다. 하지만 과학이나 공학 분야는 남학생 비중이 압도적으로 높다.

스웨덴왕립공대의 학부과정을 마치기까지 걸리는 시간은 대략 4.5~5년. 학생들은 3.5~4년에 걸쳐 코스워크course work를 마친 다음 1년 정도 디플로마 프로젝트를 연구실에서 진행한다. 마치 석사과정 학생처럼 박사과정의 지도를 받아 논문을 쓰게 되고, 이 논문이 통과되면 디플로마를 인정받게 된다. 기업의 박사급 연구원이 석사과정 학생의 연구를 지도하는 경우도 많다.

스웨덴을 비롯한 일부 유럽 국가는 미국 대학에서 볼 수 있는 석사master와는 다른 독특한 학위제도를 운영하고 있다. 스웨덴왕립공대는 'Licentiate'라는 이름의 학위를 운영하고 있는데, 이는 우리나라로 치면 석사와 박사의 중간에 해당된다.

Licentiate는 박사과정 학생처럼 논문을 쓴다. 이 과정을 마치면 학생이 지도교수 변경을 요구할 수 있고, 교수 역시 학생에게 다른 연구실 진학이나 진로 변경 등을 권유할 수 있다.

스웨덴왕립공대 박사과정 학생은 단순히 학생의 개념을 벗어나 연구원과 동등한 신분으로 대접받는다. 숫자가 많지 않은데다 사회보장제도가 잘 갖춰진 나라이다 보니 박사과정 학생을 고용인employee으로 생각한다.

스웨덴왕립공대의 학풍은 철저히 이론과 실무의 균형을 따른다. 산·학 연구활동과 연계된 실용적인 연구를 추구해 학부만 졸업해도 기업에서 재교육 없이 충분히 일할 수 있는 능력을 갖추도

스웨덴왕립공대 학생들은 캠퍼스 내 어디에서나 활발히 토론의 장을 이어간다.

록 하는 것이 목표다. 이는 인구가 1,000만 명도 안되는 나라를 지탱할 수 있는 교육 문화이자 경쟁력이기도 하다. 이러한 실용주의는 개교 때부터 지금까지 이어져 오고 있다.

스웨덴왕립공대는 유럽을 대표하는 이공계 대학으로 국제적인 학생 교류에도 활발히 나서고 있다. 2013년 기준으로 1,058명의 교환학생이 스웨덴왕립공대를 찾았다. 618명의 스웨덴왕립공대 학생은 해외 대학에 나가 공부를 했다.

스웨덴왕립공대에서 석·박사과정 중 스웨덴 학생의 비중은 높지 않다고 한다. 학부의 경우 스웨덴어로 수업을 하지만, 대학원 수업은 영어로 진행된다. 학부와 석·박사과정 학생의 문화나 분위기가 다른 것은 스웨덴왕립공대의 특징 중 하나다.

🏠 스톡홀름, 유럽의 창업 허브

스톡홀름은 인구 91만 명 2015년 기준의 작은 도시지만, 스웨덴의 수도답게 문화, 정치, 경제의 중심이다. 특히, 스웨덴 GDP 중 3분의 1 이상이 스톡홀름과 주변 지역에서 나오는 것만 봐도 알 수 있다. 국제통화기금 IMF에 따르면 스웨덴 국민 1인당 GDP는 4만 9,582달러 2015년로 세계에서 일곱 번째로 높다. 스톡홀름이 규모는 작지만 그만큼 왕성한 경제활동이 이뤄지고 있음을 의미한다.

스톡홀름은 굳이 택시를 타지 않더라도 도심을 걸어서 다닐 수 있다. 15분 정도면 충분히 시내에서 이동할 수 있는데 이는 물리적인 시간을 절약하는 데 큰 역할을 한다. 여기에 스웨덴 정부는 1980년대 후반과 1990년대 초반 컴퓨터 보급에 공을 들였다. 실리콘밸리에서 컴퓨터가 창업에 불을 지핀 것처럼 기본 인프라가 잘 구축돼 있다는 의미다.

스톡홀름은 공항과 가까우며 유럽의 다른 도시로 이동하는데 불편함이 없다. 스웨덴왕립공대 같은 훌륭한 학교가 도시에 있다는 점으로 인해 스톡홀름은 유럽의 대표 도시 런던, 베를린과 비교해도 경쟁력에서 밀리지 않는다.

페르 헤드버그 스팅 CEO … "2014년, 스톡홀름은 기술 분야에서 세계에서 두 번째로 급성장하는 벤처캐피탈 투자 지역으로 꼽혔다. 유럽의 스타트업 수도라고 부르는데 의심할 여지가 없다."

스톡홀름이 창업 허브 역할을 하는 데는 유럽의 다른 도시에 비해 경쟁력 있는 급여도 요인이 된다. 이는 스웨덴의 젊은이들이 굳이 실리콘밸리에 가지 않아도 모국에서 사업을 펼칠 수 있는 계기가 된다.

세계 최대 인터넷 전화 스카이프나 음원 스트리밍 서비스 스포티파이 같은 기업들은 스웨덴의 아이디어 넘치는 젊은 사업가의 손에서 탄생했다.

창업 생태계에 가장 중요한 후원자는 2000년대 초반부터 창업자를 지원해 온 기관인 스팅STING·Stockholm Innovation&Growth이다. 스팅은 최대 2년까지 사무공간과 투자자 알선, 비즈니스 코치 등의 도움을 준다. 이는 아이디어를 가진 사람들이 얼마든지 도전할 수 있는 환경을 조성하는 데 일조했다.

스팅의 인큐베이팅 프로그램은 신생 기업을 대상으로 6~18개월간 진행한다. 스팅은 매년 400~500개 프로젝트를 주요 혁신기관과 연계해 25~30개 기업을 선정해 키운다. 2007년 창업한 로그인 인증 서비스회사 유비코YUBICO도 이런 도움을 받고 자랐다.

스웨덴의 창업을 총괄하는 정부기관은 2001년 설립된 기술혁신청이다. 스웨덴왕립공대 내 위치한 스웨덴왕립공대 혁신센터KTH 이노베이션는 지역 내 혁신과 창업을 주도하고 있다. 스웨덴 창업의 특징은 생존이 아니다. 끝없는 혁신을 통해 글로벌 회사를 만드는 것이 혁신의 목표다. 이러한 의도로 KTH 이노베이션은 스웨덴왕립공대 학생·연구원에게 문호를 개방한다.

성기원 정보통신기술 대학 교수 ···"스톡홀름이 유럽에서도 ICT가 강한 지역으로 통한다. 스웨덴은 각 지역별로 대학들을 경쟁시키는 구조인데, 스톡홀름 지역의 대표 이공계 대학이 스웨덴왕립공대다."

전 세계적으로 글로벌 본사를 10곳 이상 가진 도시는 11곳에 불과하다. 스톡홀름도 그 11개 도시 중 하나다. 북유럽이라는 지리적 특성을 감안하면 어떻게 기업들이 많이 모였을까 하는 의문이 생긴다. 기업 본사는 일반적으로 모국에 두는 경우가 많은데 스톡홀름에 글로벌 본사가 많다는 것은, 스웨덴에서 탄생해 지금까지 글로벌 시장에서 입지를 유지하고 있는 기업들이 많다는 뜻이다. 대표적인 기업으로는 세계 최대 통신장비 기업 에릭슨Ericsson과 글로벌 가전회사 일렉트로룩스Electrolux가 있다.

1876년 설립된 에릭슨은 한 해 연구개발R&D비로만 50억 달러 이상을 쓰는 기업으로 3만 5,000개 특허를 보유하고 있다. 전 세계 190개국에서 활동하고 있으며, 11만 명 이상의 직원이 근무한다. 2G 세대부터 4G 세대 LTE까지 세계 이동통신 기술의 탄생이 에릭슨에서 나왔다고 해도 과언이 아니다. 오는 2020년으로 예상되는 5G 이동통신 상용화 역시 에릭슨이 주도해 글로벌 기업들과 세상에 선보일 것으로 예상된다.

가전의 대명사 일렉트로룩스는 월풀과 함께 세계 가전시장을 주름잡는 회사로 냉장고부터 진공청소기까지 다양한 제품을 만든다. 미국 제너럴일렉트릭 GE 가전사업 인수를 추진했으나 불발로 그쳤다.

전통적 기업뿐 아니라 혜성 같이 등장하는 신생 기업들도 줄을 잇고 있다. 미국 마이크로소프트가 2014년 11월 25억 달러를 주고 인수한 비디오게임 개발회사 모장Mojang, 음악 스트리밍 서비스 스포티파이Spotify도 스톡홀름이 고향인 기업이다.

마리아 란카 스톡홀룸 상공회의소 CEO … "스톡홀룸은 전 세계에서 가장 혁신적이고 규제가 없는 지역이다. 사람과 아이디어, 자본, 상품, 서비스의 교류로 경제가 활성화되는데, 여기에 인력을 공급하는 것이 대학이다."

연구도시 '시스타' 세계 최고의 모바일 밸리

스톡홀룸 중앙역에서 전철을 타고 17분쯤 가면 북유럽 특유의 울창한 수풀이 끝나고 글로벌 IT기업들의 간판이 눈에 들어온다. 에릭슨·IBM·마이크로소프트·삼성전자·LG전자·화웨이 등이 모여 있는 이 곳은 시스타 사이언스 시티Kista Science City. 우리나라로 치면 대덕연구단지 같은 곳인데 200만m^2 면적에 12만 명이 일하고 있다. 1000개가 넘는 정보통신기술ICT 기업에서 일하는 인력만 2만 4,000명에 달한다. 스웨덴이 오늘날 IT강국으로 발돋움하는 데는 시스타 사이언스 시티와 같은 정부의 적극적인 정책과 기업 유치 전략이 큰 역할을 했다.

스웨덴왕립공대의 본교는 시내에 있지만 정보통신기술 대학은 시스타 사이언스 시티에 있다. 시스타는 'ABC Arbet·일자리, Bosta·주거지, Cente·소도심 원칙'을 적용해 체계적인 개발로 의식주는 물론 여가 생활까지 모두 해결할 수 있는 것이 특징이다. 기업들이 많지만 시스타 사이언스 타워32층를 빼곤 대부분 건물들이 10층을 넘지 않아 시야를 가리지 않는다.

시스타 사이언스 시티는 1976년 에릭슨이 군사훈련장이었던 이 곳에 무선통신사업본부와 연구소를 두면서 시작됐다. 2003년에는 에릭슨 본사가 통째로 시스타에 둥지를 틀었다. 에릭슨 연구개발 인력은 물론 협력업체까지 모두 시스타로 발걸음을 했다. ICT 기업의 대이동은 대학에도 영향을 미쳐 스웨덴왕립공대는 정보통신기술 대학을 아예 시스타에 뒀다.

스웨덴왕립공대를 나온 학생들은 창업에도 적극적인데, 스포티파이의 창업자인 다니엘 에크 역시 동문 중 한 명이다. 바로 옆에 기업들이 많은데다 산학 협력 프로젝트 참여 경험이 많은 만큼, 창업에 대한 욕구와 관심이 커질 수 밖에 없다.

시스타에서는 창업 지원이 대학 산학협력단과 시스타 일렉트룸 재단, 스톡홀름시 지원기구 등 다양한 경로로 진행되기에 연구공간과 인력, 자금이 선순환되는 구조다.

성기원 교수는 한국 KAIST에서 박사학위를 받고 삼성전자에서

스웨덴왕립공대 정보통신기술 대학은 스톡홀름 근교에 위치한 시스타 사이언스 시티에 있다.

3년간 근무한 뒤, '넓은 세상을 보고 싶다'는 생각으로 영국 에딘 버러대로 향했다. 이후 스웨덴왕립공대 정보통신기술대학장이 자 무선통신 분야 권위자인 잔스 잔더Jens Zander를 따라 시스타에 왔다.

성기원 정보통신기술 대학 교수 … "시스타는 '제2의 실리콘밸리'로 에릭슨이 구축한 생태계다. 중국 화웨이가 에릭슨 다음으로 큰 연구소를 보유하고 있는데, 스웨덴왕립공대 안에서도 최근 들 어 수업 시간에 중국 학생들이 많이 보인다."

미국 실리콘밸리가 오늘날 세계 ICT 경제의 중심이 된 것이 스 탠퍼드대나 UC버클리와 같은 명문 이공계 대학의 영향이었다면, 시스타 사이언스 시티의 잠재력과 미래도 스웨덴왕립공대의 발전 과 궤를 같이 한다고 볼 수 있다.

🏫 노벨의 후손들

매년 12월 10일, 스웨덴의 수도 스톡홀름에 문학·화학·물리 학·경제학·생리의학 분야 세계적 대가들이 모인다. 알프레도 노 벨1833~1896의 유언에 따라 인류 복지에 공헌한 사람이나 단체에

매년 12월, 스웨덴의 수도 스톡홀름에서는 알프레도 노벨(1833~1896)의 유언에 따라 인류 복지
에 공헌한 사람이나 단체에 주어지는 '노벨상' 시상식이 열린다.

주어지는 '노벨상'을 수상하기 위해서다.

노벨은 스웨덴 스톡홀름에서 태어난 발명가로 다이너마이트를 개발했다. 노벨은 유산을 기부해 노벨재단을 만들었고 자신의 이름을 딴 노벨상을 제정했다. 노벨상은 1901년 시작돼 100년이 넘는 역사를 자랑하는 명실상부한 세계 최고 권위의 상이다. 노벨상은 북유럽 국가이자 바이킹의 후예인 스웨덴을 대표하는 행사이자, 상징이기도 하다.

노벨 생리·의학상은 스웨덴 카롤린스카의학연구소Karolinska Institutet, 물리학상·화학상·경제학상은 스웨덴 왕립과학아카데미가 수상자 심사를 담당한다. 노벨상의 주최국인 스웨덴은 직접 노벨상 심사를 담당하는 만큼 높은 학문적 수준을 자랑한다. 노벨상 심사위원의 상당수가 스웨덴 명문 대학 교수이기 때문이다.

스웨덴에는 스웨덴왕립공대, 카롤린스카의학연구소, 웁살라대Uppsala universitet, 룬드대Lunds universitet 같은 세계적 대학들이 있다. 이중 스웨덴왕립공대는 스웨덴 기술·공학 연구와 교육의 3분의 1을 차지할 정도로 학문의 중심이 되는 곳이다.

🏠 무선통신 특허, 안구추적 기술, 위스키 제조

스웨덴왕립공대 동문들이 활약하는 분야는 매우 다양하다.

스웨덴 경제사를 이야기 할 때 빠지지 않고 등장하는 이바르 크뤼게르는 '천재 사기꾼'이라는 별명을 가진 주가조작꾼이자 사업가다. 크뤼게르는 16세에 고등학교를 졸업하고 스웨덴왕립공대에서 기계공학을 공부했다. 20세 나이에 기계공학과 도시공학 석사를 받았다.

이바르 크뤼게르는 1920년대 이름 없는 변방 국가 스웨덴의 신화 같은 존재로 부상했다. 스웨덴은 철광석과 숲을 제외하곤 특별한 자원이 없다. 1년에 절반은 어둠이 덮여 있고, 춥고 척박하다. 그런 악조건에서 크뤼게르의 명성은 유럽을 넘어 미대륙까지 퍼질 정도였다.

건설업으로 자본금을 모은 크뤼게르는 투자회사를 차렸다. 아버지의 성냥 공장을 중심으로 군소 성냥 공장을 인수한 후 스웨덴 내 성냥 생산·공급 독점권을 따냈다. 그 다음 노르웨이의 성냥 회사도 인수해 북유럽 성냥 시장을 접수했다. 얼마 지나지 않아 독일의 성냥 생산·판매 독점권도 거머쥐었다.

크뤼게르는 성냥을 기반으로 스웨덴, 미국에서 은행 대출을 받아 기업 인수에 나섰다. 제지, 금광 채굴, 은행 등으로 사업을 확장했고, 그 다음 휴대전화, 철도, 목재, 영화 유통, 부동산 등 문어발식으로 사업을 확장했다.

그는 공학을 전공했지만 특유의 언변으로 투자금을 유치했다. 미국 대통령의 초청으로 백악관을 방문할 정도의 유명세를 떨쳤고 자신이 개발한 금융 상품과 자산 운용 기법 등으로 막대한 돈을 벌었지만, 비판을 받기도 했다. 크뤼게르는 1932년 파리의 한 아파트에서 자살한 것으로 알려졌는데, 사후 그의 소유 기업들은 줄줄이 도산했다.

에릭슨에서 특허 여왕으로 불리며 연구소장을 맡고 있는 사라 마주르 박사는 스웨덴왕립공대에서 박사학위를 받았다. 그녀는 무려 69건의 특허를 출원했다. 연구팀이 아닌 개인이 이 정도 특허를 통신 분야에서 출원한 것은 전 세계적으로도 드문 사례다. 차세대 이동통신인 5G 세대 시대를 준비하는 연구소의 수장으로 앞으로 더 많은 특허를 양산할 것으로 기대된다.

🏛 3D 소프트웨어부터 자율주행·신개념 배터리까지 연구

《가디언》 … "스웨덴왕립공대는 유럽을 대표하는 연구 중심 대학답게 소재부터 첨단 IT분야까지 다양한 성과를 내고 있다."

《가디언》이 2015년 5월 17일에 소개한 볼루멘탈Volumental이라는 회사는 사람의 발 이미지와 똑같은 이미지를 추출하는 '3차원 스캔' 소프트웨어를 개발했다. 이를 응용하면 신발을 만들거나 의류 등을 만들 때 기성복처럼 맞춤형 제품을 만들 수 있다. 이 같은 기술은 2012년 비디오게임용 카메라를 연구하던 스웨덴왕립공대에서 나왔다.

스웨덴왕립공대는 2011년부터 스웨덴의 자동차 회사인 스카니아와 함께 자율주행 트럭 연구도 진행하고 있다. 네덜란드에서 주행 테스트를 실시하기도 했다. 자율주행 트럭은 다임러나 볼보 같은 기업들이 활발하게 연구를 진행하고 있는데, 스웨덴왕립공대 역시 유럽을 대표하는 이공계 대학답게 관련 연구에 참여하고 있다.

스웨덴왕립공대와 하버드대 연구팀은 말랑말랑한 형태의 배터리를 2015년에 개발했다. 이들이 사용한 소재는 목재 기반 신소재인 'CNF Cellulose NanoFibrils'. 셀룰로스 섬유는 목재에 풍부한 물질이다. 셀룰로스는 배터리 소재로 적당하지 않지만, 셀룰로스 섬유를 미세하게 나누면 반도체 소재로도 활용 가능하다. 연구팀은 에어로젤과 비슷한 3차원 소재를 만드는 연구를 진행했다. 3차원 소재에 특수 잉크를 이용해서 전기를 저장할 수 있도록 개조했다.

스웨덴왕립공대 레벤테 비토스 교수 연구팀은 포스텍 철강대학원 권세균 교수 연구팀과 면심입방구조를 가지는 금속재료의 소성변형을 알아낼 수 있는 이론을 2014년 발표했다. 연구팀은 원자론에 바탕을 두고 다양한 소성변형 현상을 쉽게 풀어낼 뿐 아니라 실험을 거쳐야 알 수 있던 것을 2차원 형태의 지도에서 쌍정현상twinning과 같은 소성변형 현상을 실험 없이도 미리 예측할 수

스웨덴왕립공대 건물은 오랜 역사 만큼이나 고풍스러운 디자인이 특징이다.

있는 이론을 만들어 냈다.

뵈리에 요한슨 스웨덴왕립공대 교수 … "스웨덴왕립공대 연구팀이 포스텍 연구팀과 진행한 연구는 금속공학에서 일반적으로 이뤄지는 연구와 달리 물리학적 시각에 따라 진행됐다. 이 연구는 응용연구에서도 기초학문이 중요하다는 점을 일깨워 주며 학제 간 경계를 넘어 문제를 바라볼 때 새로운 결과를 얻을 수 있다는 사실을 말해 준다."

스웨덴 위스키 연합에 따르면 스웨덴은 전 세계에서 위스키를 가장 많이 마시는 나라 중 하나다. 2003년 1,000만 파운드 수준이었던 위스키 수입량이 2013년 3,640만 파운드로 늘었다. 스웨덴은 이제 더이상 위스키를 수입하기보다는 직접 자신의 나라에서 제조해 마시길 원하고 있다. 그래서 2013년 이후로 위스키를 만드는 10개 이상의 생산자가 생겨났다. 스웨덴에서 가장 큰 위스키 생산자는 맥크미라Mackmyra로 연간 120만 리터를 만들 수 있다.

맥크미라 역시 스웨덴왕립공대 출신 8명이 힘을 모아 만든 회사다. 이들은 스웨덴은 위스키를 만들지 않는 나라라는 편견을 깨고 전 세계 위스키 생산자와 어깨를 나란히 할 수 있는 제조기술을 확보하는데 주력했다.

170종의 다양한 레시피를 실험했고, 이중 2001년에 2종을 선보였다. 2013년에는 700만 파운드의 판매실적을 올릴 만큼 스웨덴 내에서도 인기를 얻고 있다. 맥크미라는 이제 스웨덴을 넘어 북미 등의 지역에 수출도 추진하고 있다. 이미 벨기에와 유럽에서는 연 간 100%의 판매성장을 기록하기도 했다.

인_터_뷰

가수 루시드 폴 스웨덴 왕립공대 재료공학 석사(로잔공대 생명공학 박사)

Q. 스웨덴왕립공대는 대학원생을 어떻게 선발하나?

루시드 폴 … "스웨덴왕립공대 같은 유럽 대학은 학생·연구원의 채용 여부가 전적으로 교수의 재량에 달려 있다. 미국처럼 특정 스펙이나 가이드라인이 없다. 교수가 프로젝트를 따오면 이를 수행할 연구원을 수시로 뽑는 구조다. 연구실 사이트에서 모집공고를 내 석·박사 학생을 선발한다. 6개월의 수습기간을 통과하면 정식 등록이 가능하다. 박사과정 학생은 학교에 소속된 연구원이라는 점에서 신분 차이가 있다. 일부 교수의 경우 자율적인 공고 방식보다는 믿을만한 학생을 추천받는 식으로 학생을 선발하기도 한다."

Q. 스웨덴왕립공대에 어떻게 진학을 결심했는가?

루시드 폴 … "학부 성적은 좋지 않았지만 실험 과목은 성적이 좋았다. 호기심이 많았고 무언가를 탐구하고 싶은 욕심이 있었다. 미국 대학과 달리 유럽 대학은 박사과정 학생을 뽑는 시기가 고정되어 있지 않은 경우가 많다. 코스워크보다는 실제 연구성과를 중요시 한다. 또 스웨덴왕립공대의 교수는 학생을 파트너partner로 본다. 한국처럼 제왕적이지도 않다. 이런 매력으로 스웨덴왕립공대에 진학했다."

Q. 스웨덴왕립공대의 국제화 수준은 어떠한가?

루시드 폴 … "스웨덴왕립공대의 대학원은 외국인 비중이 높다. 실제 내가 있던 연구실도 지도교수는 이집트 출신이었고, 한국, 중국, 터키, 러시아, 프랑스, 멕시코, 리비아, 미국 등에서 온 학생·연구원으로 구성돼 있었다. 10개 국적의 교수와 학생이 한데 어우러진 그야말로 다국적 연구실이었다."

Q. 스웨덴왕립공대 유학시절 에피소드나 황당한 경험은 없었나?

루시드 폴 … "처음에 영어가 서툴러서 지도 교수님이 손님을 'coffee room'으로 모시라고 했는데 'copy room'으로 데려갔던 적이 있었다. 나는 유기재료에 관심이 많아 관련 수업을 들으며

갈증을 해소했다. 실험실에 밥통을 가져다 놓고 밤새 연구했던 일
도 있다. 금속공학과 약품 보관실에 들어가 캐비닛에서 쓸만한 시
약이 없는지 하루 종일 뒤졌던 기억도 있다."

에·필·로·그

오늘날 대한민국은 미래를 이끌어 갈 이공계 인재들이 국내에 남지 않고 해외로 나가 돌아오지 않는다. 미국국립과학재단에 따르면 2008~2011년 미국에서 박사학위를 받은 한국인 과학자 중 70%가 미국에 남겠다고 했다. 국내에서 이공계 박사학위를 취득한 인재들도 기회가 주어진다면 언제든지 연구 환경이 좋은 해외로 나가겠다고 한다.

R&D 투자 규모는 세계 최고 수준인데, 인재들은 해외에서 돌아오지 않고 국내를 떠날려고 하는 아이러니한 상황이 연출되고 있는 것이다. 이런 악순환이 반복되면 이공계 대학의 경쟁력이 지금보다 떨어지는 것은 물론 국가 연구 역량의 존립조차 위태롭다.

2016년 《네이처》는 "한국의 GDP 대비 R&D 투자 비중이 세계 1위"라면서도 "노벨상 수상자를 아직 내지 못했다"는 불편한 진실을 꼬집었다. 《네이처》는 "R&D 투자의 4분의3이 대기업 주도 응용 분야에 치우쳐 있다. 특허출원이 많아도 기초과학 발전과는 거리가 있다"고 비판했다. 정부 R&D 투자도 반도체, 통신 등 우리가 강점을 가진 분야에만 몰리는 게 현실이다. 우리 정부가 알파고 충격 이후 갑작스럽게 인공지능 분야에 대한 투자 강화를 외쳤지만 중장기 비전은 없고 말뿐인 구호에 그쳤다.

오늘날 우리나라의 4년제 대학 189곳에 재학하는 150만 명의 학생 중 공대생 비중은 25%, 자연대생 비중은 12%를 차지한다. 일본의 대학 재학생 260만 명 중 공학 비중은 15%, 이학 비중은 3%인 것과 비교하면 상대적으로 높은 수준이다. 하지만 우리 이공계 학생들은 연구에 몰두하기보다는 졸업 후 진로를 걱정하고, 자신의 전공을 포기하면서 일터를 찾아다닌다.

김선민 교토대 교수는 "최근 일본의 노벨상 수상은 1980년대와 1990년대 일본 경제가 호황을 누리던 시기에 이뤄졌던 연구 지원의 결실"이라며 "정부가 장기적인 안목을 가지고 연구지원을 하고, 연구자들도 본연의 임무에 충실한다면 언젠가 좋은 결과가 나올 수 있다"고 말했다.

4차 산업혁명 시대를 설계하고 희망을 갖기 위해서는 인재 확보만큼 중요한 과제는 없다. 세계경제포럼은 인재가 21세기 혁신, 경쟁력, 성장을 이끄는 핵심 요소라고 했다. 앞서 살펴봤던 미국, 스위스, 스웨덴, 싱가포르, 일본, 중국 등 세계 이공계 대학들 역시 다양한 산·학 프로그램 개발과 창업 생태계 조성 등으로 내실 있는 변화에 초점을 맞추고 있다. 스스로 문제를 해결하는 창의적 인재를 양성하기 위해 교육과 연구 방식의 혁신이 시급하다.

김상배 MIT 교수는 "MIT를 비롯한 미국 대학은 창의적인 교육과 연구환경이 경쟁력"이라며 "자유로운 생각이 세계 최고라는 자부심과 만났을 때 연구진의 능력은 최고치에 다다르고 눈부신 성과를 낸다"고 말했다.

4차 산업혁명을 이끄는 인재들과 세계 이공계 대학을 취재하면서 하이퍼루프 같은 미래형 교통수단이나 세계 일주가 가능한 태양광 비행기를 만들겠다는 꿈을 가진 인재들이 어떻게 성장하고 미래를 준비하는지 살펴봤다. 이를 보면서 4차 산업혁명 앞에 우리는 어떤 준비를 하고 있을까? 또 시대에 부응하는 인재를 제대로 양성하고 있는 것일까? 입시지옥을 뚫고 명문대 입학이 인생의 목표였던 젊은이들에게 우리 사회는 어떤 가르침을 전하고 있을까? 라는 의문이 들었다.

젊은이들이 실패를 두려워하고 안정적인 직장에 취업하는 데만 골몰하는 현실에선 4차 산업혁명은 넘기 힘든 벽과 같다. 한가지 연구에 평생을 바치겠다는 실력 있는 연구자들이 늘고, 끈기와 도전정신으로 미래 개척에 나서는 젊은이들이 많아질 때 비로소 희망을 갖게 될 것이다. 그러기 위해선 교육과 연구 현장이 서로의 영역을 나누는데 급급할 것이 아니라, 벽을 허물고 머리를 맞대는 개방형 혁신에 앞장서야 한다.

저자 설성인

참고문헌

매사추세츠공대

Steve Bradt, Apple CEO Tim Cook to deliver MIT's 2017 Commencement address, MIT News, 2016.12.8

Leda Zimmerman, MIT students win first round of SpaceX Hyperloop contest, MIT News, 2016.2.1

Laura Krantz and Matt Rocheleau, MIT eases workload, offers support after recent suicides, BostonGlobe, 2015.3.17

David L. Chandler, Megan Smith: It's mind, hand…and heart, MIT News, 2015.6.5

Oliver Staley, MIT in Moscow Creates Sputnik Moments for $300 Million, Bloomberg, 2013.4.30

Steve Annear, Residents, students are climbing the 'Alps of MIT', BostonGlobe, 2015.2.13

Jess Denham, So why is MIT number one in the world university rankings?, INDEPENDENT, 2013.9.10

Anshuman Pandey, MIT to send students, faculty to Mongolia to help spur innovation, THE Tech, 2015.11.24

Laur Fisher, United Nations and MIT collaborate on climate change resilience, MIT News, 2015.12.2

Walter Frick, Boston: The Start-up revolution reviving its tech, BBC, 2013.9.4

이영완, "뇌 속 작은 세포까지 훤하게 봐요", 조선일보, 2016.7.26

백민정, 눈가 주름 걱정 덜까…MIT 주름 펴주는 제2피부 개발, 중앙일보, 2016.5.10

설성인, [미래를 준비하는 대학](1)메사추세츠공과대학(MIT), 전자신문, 2008.9.22

김인순, 미군 '아이언맨' 옷 만든다, 전자신문, 2013.10.10

캘리포니아공대

리처드 파인만, 파인만의 여섯가지 물리 이야기, 승산, 2003.1.6

Caltech Is Apple's Latest Patent Foe, FORTUNE, 2016.5.31

안동환, [명문대 교육혁명] (7) 미국 캘리포니아공대, 서울신문, 2006.5.26

Larry Gordon, Ronald and Maxine Linde make new $50-million pledge to Caltech, Los Angeles Times, 2016.3.7

Caltech-MIT rivalry, wikipedia

취리히연방공대

Corinne Gretler, Number of Swiss Startups Seen Declining in 2015 on Strong Franc, Bloomberg, 2015.7.13

정재승의 영혼공작소, 척수마비 환자가 걸어다니는 날, 한겨레, 2016.12.10

Christina Rogers, Mike Ramsey and Daisuke Wakabayashi, Apple Hires Auto Industry

Veterans, WSJ, 2015.7.20
함혜리, [명문대 교육혁명] (12) 스위스 취리히 연방공대, 서울신문, 2006.7.7
Cheyenne Macdonald, Disney reveals 'SPIDERCAR' that can climbs walls and even drive
on the ceiling, Dailymail, 2015.12.29

싱가포르국립대
JANE A. PETERSON, M.I.T. Settles In for Long Haul in Singapore, 뉴욕타임스, 2016.11.16
이지원, '연구 · 창업 중심' 변화가 성공 열쇠 − 싱가포르국립대 공대 왜 강한가, 한경비즈니스,
2009.12.3
하현옥, 스타우드 호텔 가로채기…'중국판 워런버핏' 우샤오후이의 도박, 중앙일보, 2016.3.16
김형원, '人材의 상아탑(싱가포르 국립대학)'에서 리콴유 떠나보내다, 조선일보, 2015.3.30

칭화대
SHEN JINGTING, Apple CEO joins Tsinghua SEM advisory board, CHINADAILY, 2013.10.21
Wang Hanlu, Foxconn to donate 1 billion yuan to Tsinghua University, 인민일보, 2011.4.14
Bill Gates conferred honorary doctorate of Tsinghua, 인민일보, 2007.4.20
Elizabeth Weise, Mark Zuckerberg's Chinese interview—in Mandarin, USA TODAY,
2014.10.23
Intel and Tsinghua Unigroup Collaborate to Accelerate Development and Adoption of Intel-
based Mobile Devices, Intel Newsroom, 2014.9.25
전민희, 중국의 MIT 칭화대 "제2의 알리바바 · 샤오미 여기서 나온다", 중앙일보, 2016.5.25
박천학, "창조경제 출발점이 바로 기초과학…中 '萬人계획' 본받아야", 문화일보, 2014.1.22
서유진, 중국 기업가정신의 굴기, 스타트업 창업 열풍, 매일경제, 2014.12.8
진병태, 中 베이징대−칭화대 '장원' 유치경쟁에 교육부 진화 나서, 연합뉴스, 2015.6.30

교토대
조준형, 日교토대 학장 "영어실력은 도구 중 하나일 뿐", 연합뉴스, 2015.10.21
김정범 · 이영완, '지카 바이러스'의 비밀, iPS세포 연구로 풀었다, 조선일보, 2016.7.2
원호섭 · 이영욱, 과학으로 풀어본 원숭이 '학습과정 놀랄만큼 인간과 유사', 매일경제, 2016.1.29
장원재, 야마기와 총장 "교토대 노벨상 8명은 자유 토론의 힘", 동아일보, 2016.12.2
구로다 가쓰히로, 수업 안 들어도 좋다! 실패해도 좋다! 단, 좋아하는 일을 하라!, 주간조선,
2012.10.22

KAIST
배지영, 119도 못 가는 위험 지역 즉시 출동, 중앙선데이, 2015.8.30
김기중, 발전기금 1조원… 카이스트의 도전, 서울신문, 2015.4.17
노도현, 6년간 11명 자살…카이스트에 무슨 일이, 경향신문, 2016.7.24
이재원, 세계 로봇대회 제패한 오준호 KAIST 교수, 조선비즈, 2015.6.16

박주영, 유룡 IBS 단장, 톰슨로이터가 예측한 올해의 노벨상, 연합뉴스, 2014.9.25
박근태, '오바마 대통령상' 받은 한진우 미국 NASA 연구원, 한국경제, 2016.2.23

난양공대
최준호, '갈라파고스 위기'에 갇힌 한국 대학, 중앙선데이, 2016.7.10
NTU scientists unveil social and telepresence robots, 난양공대, 2015.12.29
BMW Group and NTU embark on S$1.3 million electromobility research, 난양공대, 2015.6.29
김아미, 영국 천재 디자이너는 어떻게 세상을 바꾸고 있을까, 헤럴드경제, 2016.6.24
서미숙, 현대건설 싱가포르 공과대학과 공동연구개발 협약, 연합뉴스, 2016.1.20

조지아공대
Jason Maderer, Artificial Intelligence Course Creates AI Teaching Assistant, 조지아공대 뉴스센터, 2016.5.9
Jonathan Wai and Jenna Goudreau, The 104 Smartest Public Colleges In America, BUSINESS INSIDER, 2014.10.27
Anne Woolsey, Teaching dogs to talk is easier than you think, CNN, 2016.6.29
Jefferson Graham, Atlanta is 'Hotlanta' for tech start-ups, USA TODAY, 2013.2.13
Melissa Korn, Imagine Discovering That Your Teaching Assistant Really Is a Robot, WSJ, 2016.5.6
Jeff Bennett, Laura Kusisto and Cameron McWhirter, Mercedes-Benz Moving U.S. Headquarters to Atlanta, WSJ, 2015.1.6
Intel, Georgia Tech Partner to Diversify Workforce, GEORGIA TECH News Center, 2015.8.4
변지민, 로봇-3D로 공룡 연구해보니… '쥬라기공원' 허구가 아니네, 동아사이언스, 2016.7.15
설성인, [미래를 준비하는 대학](2)조지아테크, 전자신문, 2008.9.23
김명희, 서울대 공대, 미국 조지아 공대 박사 공동학위제 체결, 전자신문, 2014.6.19

스웨덴왕립공대
Monty Munford, How Stockholm is becoming Europe's premier tech hub, Mashable, 2016.1.22
김대진, 스웨덴식 창업, 끝없는 혁신으로 글로벌 기업 만들기, 중앙선데이, 2015.9.26
김형호, "스웨덴, 바이오 육성에 좌·우 정권 '한뜻'…다국적기업 유치 성공", 한국경제, 2015.6.4
하수정, '성냥 왕' 또는 '금융 사기꾼'이라 불린 사나이, 한겨레, 2014.8.10
장영태, 포스텍·스웨덴 연구팀, 새로운 합금 '소성변형 지도' 만들어, 세계일보, 2014.4.23

이미지 출처

세계 최고 10대 이공계 대학 탐사 프로젝트

4차 산업혁명은 어떤 인재를 원하는가?

초판 1쇄 발행 2017년 5월 22일
초판 3쇄 발행 2022년 12월 1일

지은이 설성인
펴낸이 김선식

경영총괄 김은영
기획 및 책임편집 이여홍 **책임마케터** 문서희
콘텐츠사업5팀장 박현미 **콘텐츠사업5팀** 차혜린, 마가림, 김현아, 이영진
편집관리팀 조세현, 백설희 **저작권팀** 한승빈, 김재원, 이슬
마케팅본부장 권장규 **마케팅4팀** 박태준, 문서희
미디어홍보본부장 정명찬 **미디어홍보본부** 김은지, 이소영
홍보팀 안지혜, 김민정, 오수미, 송현석
뉴미디어팀 허지호, 박지수, 임유나, 송희진, 홍수경
재무관리팀 하미선, 윤이경, 김재경, 안혜선, 이보람
인사총무팀 강미숙, 김혜진
제작관리팀 박상민, 최완규, 이지우, 김소영, 김진경, 양지환
물류관리팀 김형기, 김선진, 한유현, 민주홍, 전태환, 전태연, 양문현, 최창우
외부 스태프 본문 디자인 박재원

펴낸곳 다산북스 **출판등록** 2005년 12월 23일 제313-2005-00277호
주소 경기도 파주시 회동길 490 다산북스 파주사옥
전화 02-704-1724 **팩스** 02-703-2219 **이메일** dasanbooks@dasanbooks.com
홈페이지 www.dasan.group **블로그** blog.naver.com/dasan_books

ISBN 979-11-306-1249-2 (03370)

다산북스(DASANBOOKS)는 독자 여러분의 책에 관한 아이디어와 원고 투고를 기쁜 마음으로 기다리고 있습니다. 책 출간을 원하는 아이디어가 있으신 분은 이메일 dasanbooks@dasanbooks.com 또는 다산북스 홈페이지 '투고 원고'란으로 간단한 개요와 취지, 연락처 등을 보내 주세요. 머뭇거리지 말고 문을 두드리세요.